売却で資産を築く！
黄金の不動産投資

株式会社コン・パス　代表取締役社長
公認不動産コンサルティングマスター
村上俊介
Shunsuke Murakami

はじめに

不動産投資は過熱、危険、無謀？

昨年11月に刊行した前著『首都圏で資産を築く！　王道の不動産投資』は幸いにも多くの方々からの支持を受け、アマゾンの「不動産投資部門」ランキングで半年もの長期にわたって、売上首位をキープすることができました。

これはやはり、現在の不動産投資の売り文句である「誰でも、簡単に、儲かる」を正面から否定した内容が、今流行りの手法に疑問を持っている方々の支持を受けたからだと思っています。逆に言えば、それだけ多くの方々が不動産投資で失敗していることを示しているのではないでしょうか。

そして、ここ半年ほどは、これまでと逆に週刊誌等のメディアで「過熱する不動産投資」「バブル崩壊までわずか」「業者にだまされるな」などと、不安を煽る言葉を目にすることが増えてきました。

私は現役の不動産業者の立場から、現在の情勢を鑑みながら情報発信を日々行っておりますが、最近急増した前記のような危機を訴える報道にも疑問を持っています。

不動産投資は決して簡単に儲けることはできませんが、きちんとした知識に基づいて堅実な運営を行えば誰でも勝てるものだからです。

◆やはり手堅い不動産投資

地方の畑の真ん中にアパートを乱立すれば、そもそも需要がないため勝てるはずはありませんし、購入当初から収支がマイナスになる新築ワンルームマンションも論外です。また、一部地域で物件がバブル期並みに高騰しているという事実もあります。

しかし、不動産投資は他の金融商品とは違い、リスクもリターンもそれほどぶれることなく数値に落とし込むことができます。言い換えれば、実力次第で誰でも勝つことが可能な投資なのです。

そして、不動産投資に対してネガティブなニュースが目立ち始めた今こそ、それをチャンスと捉え、来るべき買い場に備えるのが投資の神髄です。そのためには、相場に左右されない堅実な目利きを養い、また相場の下落に備えて純資産を厚くしておくことが必要です。具体的にどうすればよいのかをお伝えしたいと思い、第2弾である本書を執筆させていただくこととなりました。

ゼロから「専業レベル」への道しるべ

本書では、不動産投資のゴールを「専業レベル」と設定し、そこから逆算して投資家自身が今やるべきことを段階に分けて解説しています。初期段階ではキャッシュを作る、次の段階では財務を健全化させ体力をつける、そして最終段階ではキャッシュフローとキャピタルゲインを得ながら拡大させていく。その方法を具体的に、実践に移せるような内容となっています。

不動産投資をビジネスとして捉え、本気で勉強して知識を身につけていただければ、不動産投資に関わらず、ご自身の仕事や人生にも必ず役立ちますし、生涯使えるスキルになるはずです。

◆相場は常に最高値

最近巷で一番よく聞く言葉は「価格が上がりすぎて買えない」「安くて良い物件がない」といったものです。これらの言葉は私が初めて不動産業界に入った15年前から常に言われていることです。これは当然と言えば当然で、市場というのは常にその瞬間の最高値だからです。あえて安く売る理由がどこにあるのでしょうか。市場が追いつく限界値がすべての売値となるのが自由経済です。

特に不動産は、銀行の融資と切っても切れない関係にあります。要するに、銀行の融資が出る限界が、不動産の売値になります。ということは、不動産価格が下落するときは融資がつきづらいということです。現在のように普通のサラリーマンには手を出せなくなる時期もいずれ来るでしょう。相場は常に波を打つので、上がりもすれば下がりもします。

買い時に備えて今やるべきこと

そして、これから重要となるのは、価格が下落したときに買える判断力と、銀行から融資を引ける体制を整えておくことです。不動産業者や成功している投資家を見ればわかると思いますが、彼らは相場が上がろうが下がろうが取引を常に行い、利益を出しています。

なぜ、そのようなことができるのか。これが不動産投資の醍醐味です。

答えはインカムゲインとキャピタルゲインです。購入後相場が下落したときはインカムを取りながら相場の回復を待ち、相場が回復または上昇したら売却をしてキャピタルを得る。インカムを得ている間はローンの残債も減っていきます。不動産投資はこの「時間」を味方につけることができるため、いつでも参入が可能なのです。

目利きと値付けが勝敗を分ける

しかし、何でもかんでも買ってよいというわけではありません。その不動産の持つ価値を見極められるか、高いのか安いのかを判断できるかが、勝負の分かれ目です。

ご自身が住んでいる家や親戚の家などを想像してみてください。いくらで売れるか、いくらで貸せるかわかりますか。おそらく正確に答えられる人はほとんどいないでしょう。それは業者も同じです。だいたいの感覚でしかわからないのです。それほど不動産の価値判断は難しいのです。

したがって、本書を通じて不動産の価値を判断する方法をマスターしていただければ、今後の不動産投資の勝率は飛躍的に上がります。

◆うわべの言葉に惑わされるな

不動産投資本やセミナーなどで、業者は「定年後の年金代わりになる」「売却は考えず持ち続ければよい」など、とにかく甘い言葉を投げかけます。

しかし、これは極めてナンセンスです。販売業者はその理由を理解しなければいけません。逆に不安を煽る側の人たちも、なぜ現在の手法がダメなのかを明快に示さなければなりません。

そして、その原因が頭だけでなく、腹に落ちたとき、相場とは関係なく、世間の雑音に左右されることのない、勝てるセミプロ投資家になれるのだと思います。

不動産は年数とともにほぼ確実に実質収入が下がり続けます。私が見た中で一番早い人は、購入後2年で支出が収入を上回る状況でした。しかし、業者から提示された机上の収支シミュレーションでは30年間収入が入り続けることになっていました。

また、「不動産は資産である」などの言い回しもよく目にしますが、ほとんどの場合、負債になるのが現実です。

私は著書やセミナー全般では、地方不動産投資の危険性を訴えていますが、それらも同じで、不動産投資のカラクリやその物件の本質を理解し、リスクとリターンを把握さえできれば、どんな時期でも、どんな場所でも勝負ができるようになります。

投資家は勝ちにこだわれ

本書を手に取ったみなさまの中には、すでに不動産投資の世界に足を踏み入れている方も多いと思います。不動産投資という億単位の事業を開始することは、人生の中でも非常に大きな決断だったと思います。だからこそ、勝ちにこだわらなければなりません。

すでに失敗してしまった方や状況が把握できずに不安を抱えている方も多くいらっしゃるかと思います。しかし、不動産投資は正確に現状を把握することができれば、その対応策も取れる可能性が高いのです。

お客様感覚のままで業者やコンサルタントの言葉に従うのではなく、自身が主体となり、事業主として、経営者として、そして不動産投資におけるセミプロとして、不動産投資に向き合い、勝てる投資家になっていただきたいと思っています。

本書をきっかけに、一人でも多くの方が素人投資家からセミプロ投資家へと意識を変化させ、また少しでもみなさんの不動産投資の手助けとなり、不動産投資を楽しいと思っていただければ、これに勝る幸せはありません。

2017年7月吉日

村上俊介

目次
Contents

第6章 割安物件はいつでもある！ 相場に左右されない物件購入の極意……215

編集協力／加藤浩子（オフィスキートス）、五位野健一
ブックデザイン／中西啓一（panix）
本文DTP・図表作成／横内俊彦
図表作成／ZUGA

第1部
マインドセット編

借金するなら死ぬ気でやれ！

第1章

不動産で一生稼ぐ！
セミプロ投資家の金言集

01

シロウト大家は今すぐ卒業！

稼ぎたければプロ意識を持て！

個人投資家の方々とお会いする中で、「私はまだシロウトです」と自己紹介される方が多くいることに私は違和感を感じています。

気持ちはわかりますが、相手から言われるならともかく、自分から〝シロウト〟と名乗ってしまうのはどうでしょうか。

不動産投資家は、銀行から何億円もの融資を「事業を行うため」という名目で引いていています。そして物件を所有し、入居者に部屋とサービスを提供し、家賃をもらって銀行に返済しています。

これはシロウトではなく、不動産を経営しているれっきとした事業主のはずです。

十数年ほど前までは、融資付けのアレンジを行う不動産業者は少なく、銀行も今ほど融資のハードルを下げていなかったため、不動産投資は玄人《くろうと》で構成された業界でした。

それが一転、現在は融資条件が緩和され、サラリーマンでも気軽に不動産投資ができるようになったため、自称シロウト投資家の方でもどんどん物件を買うことができています。

しかし、ここに、落とし穴があります。

今の不動産業界には、物件選びから銀行融資まで、すべてをアレンジする販売業者がいます。つまり、物件の引き渡しを受ける時点まで、投資家はその業者の担当者以外と話をしなくてもオーナーになることができてしまうのです。

その結果、どうなるでしょうか?

販売業者の勧める物件を、販売業者に紹介してもらった金融機関からオーバーローンで購入したものの、手元に残るキャッシュフローはわずか。そして、そのわずかなキャッシュフローの中から、銀行や管理会社に利息や経費を毎月支払い、工事会社に高額な修繕費用を支払った結果、手残りはほんの少し……。

残念ながら、こんな人が増えています。

プロ意識を持てないシロウト大家は、周りの業者にとって都合のいい「カモ」です。シロウト大家でいる限り、周りの業者ばかりが儲かり、オーナーである投資家はまったく儲からないという状態に陥ることになるのです。

もちろん、「ビジネスでは時間を買え」という言葉があるように、他者をうまく使ってオートマチックに事業を進めることは、経営者の判断として間違いではありません。しかし、すべてを任せてしまうのと、他者をうまく使うのとでは、意味がまったく違います。

POINT

・不動産投資は、銀行から何億円もの融資を受けて物件を購入して行う、れっきとした「事業」（ビジネス）である。
・不動産投資は、プロと同レベルの知識や行動力がなければ成功しない世界。シロウト意識では業者の〝カモ〟にされるのがオチ！

02

他人任せは破滅への道!

自称コンサルタントに気をつけろ!

最近は、書籍やホームページ、セミナーなど多方面で、「不動産コンサルタント」という肩書きを目にする機会が増えました。

残念ながら、その多くは不動産のプロではなく、公的資格もない、サラリーマンをやりながら自身の成功体験を売っている〝自称〟コンサルタントの方たちです。

私が見た限り、このような自称コンサルタントの方たちは、不動産投資の経験が豊富とは言えません。自身が持つせいぜい2〜3棟の不動産投資キャリアを10〜20倍に盛り、あたかも「自分はすごい投資家だ、メガ大家だ」という触れ込みで宣伝しているだけです。それどころか、コンサルタントを称しながら不動産投資に失敗している方も多くいます。

彼らは無料のセミナーに投資家を呼び込み、不動産販売業者と組んで物件を斡旋し、その業者からバックマージンを得ることで収入を得ています。また、コンサルティング料として投資家から直接収入を得ることもあります。

しかし、たかだか2~3棟の保有経験でコンサルタントが務まるはずはありません。投資家はそんな〝素人〟コンサルタントの言葉を信じ、言われるがままに物件を購入し、その結果、投資に失敗してしまう、というパターンが非常に増えています。

この〝自称〟コンサルタントが増えた背景として、ネットビジネスの影響があるように思います。

彼らは「私は○○メソッドでこれだけ儲けた」と自身のゴージャスな生活ぶりを見せながら盛んに宣伝していますが、よく見るとそこには何のノウハウもありません。単に、儲けたという「自分」を商品化して、そこに群がってくる人たちから集金しているだけです。

「考えるな、買え! 買え! 買え!」

自称コンサルタントの多くは、投資家に対して「あれこれ深く考えずに買え」と指導します。

「考えれば考えるほど判断に迷って物件が買えなくなるから、ひとまず何も考えずに、私の言ったとおりに買いなさい」と教えるのです。

しかし、果たして、これがコンサルタントの言う台詞でしょうか。

「最初に小さな成功体験をさせる」というのが、ネット系の塾やセミナーが教えるノウハウのセオリーのようです。それを不動産に置き換えると、「まずは1棟買いなさい」ということになります。

しかし、不動産は億単位の融資を伴う投資です。「買っただけで成功」ということはありえません。それどころか、もし最初の1棟で失敗してしまえば、2棟目の購入に進めないどころか、破産に至ることもあるのです。

不動産投資はビジネスであり、金融商品のような他の投資とは異なります。誰かの言いなりやお任せではなく、ビジネスマンとして様々な場所から情報を収集し、不動産や税金などの知識を蓄えるとともに、不動産業者や銀行などを足しげく回った結果、自分で確信が持てる物件にこそ、投資すべきなのです。

POINT

・自称コンサルタントの多くは、自身のわずかな不動産投資体験を誇張しているだけで、不動産のプロとは決して言えない。
・自称コンサルタントの言いなりになって物件を購入するのは破算への第一歩。自分自身で情報収集し、知識を蓄え、確信が持てる物件に投資しよう。

03 経営の主導権を取れ!

「片手間でチャリンチャリン」はありえない

市場には「不労所得」を謳って集客する不動産業者が多く存在しますが、彼らの言うことを鵜呑みにしてはいけません。

不動産投資では、オーナー自らが行動しないかぎり、不動産業者、銀行、管理会社、工事業者などの多くの関連業者に「儲け」を吸い取られ、オーナーの手元にまとまった現金は残りません。

「面倒なことは業者に任せたい」というマインドでは、成功するのは困難と言えます。

片手間で儲かると思ったら、痛い目を見るでしょう。やるからには、不動産投資家に転職する、もしくはダブルワークで働くくらいの姿勢が必要です。

ここまで読んで、「不動産投資は難しくて気軽にできそうにない」と思われた方も多いかもしれません。

しかし、実際に始めてみると、業者開拓や銀行との折衝、入居者の募集や家賃収入、安く仕入れて高く売る面白さなど、これほど多岐にわたって楽しめる投資はありません。

また、他の投資と異なり、オーナー自らが主導権を握ることで、自分で稼ぐ実感が味わえるのも、不動産投資の醍醐味です。

安易に始めるのはいけません。しかし、挑戦する価値はあります。実際に、うまく行っている方の多くは、着実に利益を上げると同時に、不動産投資を楽しんでいます。

逆に言えば、決して楽ではない不動産投資に楽しく取り組める人こそが、不動産投資で成功できる人なのです。

シロウト大家を卒業するか、不動産投資を卒業するか

ここまでのお話で、シロウト大家を卒業してセミプロをめざすか、あるいは大家を卒業するか、あなたの決意は固まったのではないでしょうか。

不動産投資は億単位の融資を受けることが普通で、投資家自身が真剣に向き合い、コントロールしなければ、大きな痛手を受けるビジネスでもあります。

業者にすべてお任せのシロウト大家は今すぐにでも卒業し、不動産投資のセミプロとして、前向きに事業に取り組んでいきましょう。

前向きな投資家には、前向きなパートナーが引き寄せられます。つまり、強い気持ちを持つことで、他の投資家に先んじて大きく稼ぐことが可能になるのです。

POINT

・不動産投資は決して楽にできるものではないが、自分で稼ぐ実感を味わえるという意味では、他の投資よりも楽しめる要素が多い。
・投資家自身が前向きであれば、類が友を呼んで、前向きなパートナーが引き寄せられて、良い結果を得られやすい。

04

結果を出す人は大量行動!

手間を惜しんだら負け確定!

営業マンや起業家が成功するためには、「大量行動が何より大切」とよく言われます。これは不動産投資も同じです。

仮に、土地を購入して新築アパートを建てる計画を立てたとします。

まずは土地探しに始まり、適した土地が見つかれば資料を取り寄せ、収支を作成した上で、設計会社に設計を依頼します。でき上がった図面を元に見積書や長期の収支シミュレーションを作成し、不動産業者に土地の買い付け、銀行へ融資の打診を行います。土地の引き渡しが終われば、建築会社に工事の手配をすることから完成へと続き、最終的に入居者が引っ越していざ稼働、となるのです。

これら一連の業務すべてを、投資家自らがコントロールして、関係業者を手配することになります。

土地を探すだけでも、複数の不動産情報サイトをチェックしたり業者を何度も回って資料を取り寄せ、現地調査を行う必要があります。それ以降も、複雑な手順を大量に踏まなければ、稼ぐことさえままならないのです。

これが面倒だという投資家のために、融資付けから建築、家賃回収などの管理業務まで包括して受託する業者がいます。

しかし、こういったタイプの業者は、さまざまな段階でオーナーの収益を絞り取っていくため、実際にオーナーの銀行口座に残るお金はごくわずかとなります。これでは、業者を儲けさせるために投資家が借金とリスクを肩代わりするようなものです。

何より問題なのが、すべてを他人任せにして投資家自身が行動しないと、仮に一時は利益をもらえたとしても、自分で稼ぐ力が身につかないという点です。

自分自身で行動することで、知識や経験が蓄えられて精度が上がり、大きく稼ぐことが可能になります。そして、精度が上がったスキルを次の実践に活かせば、次の結果も必ずついてきます。

走りながら考えろ!

「投資家」と一口に言っても、石橋を叩いて渡らない慎重なタイプもいれば、あまり深く考えずに行動し、失敗を繰り返すタイプもいます。

一見、慎重に考える方がいいように思いますが、考えてばかりで行動しないでいると、目標を達成することは難しくなります。空振りを恐れていては、試合に勝つことはもちろん、ヒットを打つことさえ難しいです。

物件情報をネットで検索して、様々な不動産関連のサイトを毎晩見に行っても、「これだ!」という物件に出会える確率は高くありません。

毎日夜遅くまで働いた後、寝るまでの短い時間で非効率な検索をするよりも、登録型の不動産情報ポータルサイトに希望条件を入れて返信を待っていた方がいいやと、行動を止めてしまう人もいます。

結果オーライであればいいのですが、毎日サイトを検索するよりも、希望の物件情報に出会える確率は確実に低くなります。

何をお伝えしたいかと言うと、「めげずに大量行動する人にしか、望む結果は得られない」という事実です。

「これ！」と決めたら、空振りや壁にぶち当たることを恐れずに、結果が出るまでやり続けてください。

さらりとスマートに見えるのに大きく稼いでいる人がいたら、その人は裏で相当な行動量を積み重ねてきたはずです。行動せずに成功した人はいないのです。

POINT

・成功している不動産投資家に共通するのは「大量行動」。愚直に行動を積み重ねることでしか、本物の知識や経験、ネットワークは手に入らない。
・考えてばかりで行動しないでいると、いつまでたっても結果を得られない。行動せずに成功した人はいない。

05

一撃必殺の裏ワザはない

積み上げ型の地道な商売

不動産に限らず、「なるべく楽に、効率よく結果を得たい」というのは、人間なら誰でも考えることです。

物件を買うなら「未公開の高利回り物件を一発で決めたい」、銀行の融資を受けるなら「A支店に行ってB担当者に会えばOK」といった最短ルートの情報を知りたい。誰でもそう考えます。

そんな投資家を取りこもうと、自称コンサルタントや不動産会社は、塾やセミナーなどを開き、「〝未公開情報〟が手に入ります」と参加者を募ります。しかし、そのようなセミナーに参加し、会員制のメールマガジンを購読しても、期待したほどの結果はまず得られません。

資産ゼロから不動産収益を得たいのなら、〝一発逆転〟の裏技を期待してはいけません。

やはり、大量行動こそが一番の近道であり、最も成功に近い手法なのです。

勉強して知識を増やす、不動産業者を回って物件を探す、銀行に行く……。そうやって、望む結果を得るために、必要なことを愚直に繰り返す以外、打開策はありません。

大量行動を繰り返すうちに、知識や経験がついてきます。不動産業者や銀行を定期的に回っていれば、最新の不動産市況やその銀行のポジションがわかり、自分の属性も見えてきます。つまり、動けば動くほど情報が入るようになり、成功にも近づけるのです。

楽して勝てるのはベテランだけ

これから不動産投資を始める初心者が、ベテランと同じ土俵で勝負しても勝ち目はありません。

ネットや書籍などで目にする成功大家さんたちは、「こんなに楽に稼げました」「誰でも私みたいに稼げますよ」と言っています。

しかし、彼らもそこに行き着くまでには相当な努力があったはずです。その努力があったからこそ、数多くの投資家から抜け出して、ごくひと握りの成功者になれたのです。

まだ物件を保有していない初心者が、そのプロセスを飛ばして美味しいところだけ手に入れようとするのは、どう考えても現実的ではありません。

初心者クラスの人からすると、ベテラン投資家は初心者が目にすることのないようなお値打ちの物件情報が入るルートを持ち、銀行融資もスムーズで、まるで楽々と不動産投資をしているように見えます。

しかし、言うまでもなく、そうなるまでには、これまで積み上げて来た「何か」があるのです。そして、そこに行き着くのはたやすいことではありません。

まず、物件情報を提供する不動産業者の立場から見れば、初対面の人から「良い物件の情報をください」と言われても、未公開の情報を決して出しません。いい物件情報はやはり、お世話になっている人、すぐに買える人から先に提供していくからです。つきあいのない初心者にいきなりお値打ち情報が回ってくる可能性はほとんどないのです。

◆「お得意様」扱いされる方法

かつて私は不動産業界で物件の仕入れを担当していました。仕事の内容は、仲介店舗を何百軒と回り、「自分の会社で物件を買いますから、ぜひ紹介してください」とお願いすることでした。つまり、立場は個人投資家とまったく同じです。

しかし、不動産会社が個人投資家と違う点があります。それは、情報を受け取るだけでなく、自分の会社にいい情報が入ったときに相手に紹介できるということです。

自分が先にいい情報を仲介会社に渡していれば、次はその会社が物件を預かったときに、「このあいだ来た業者にも、情報を送ってあげようかな」と思ってもらうことができます。そこが本当のスタート地点とも言えます。

そうやって情報をもらえるようになってからも、何度も足を運び、もらった物件情報を精査して、「この物件はいくらなら買えます」と返事を出すことを繰り返します。すると、「この業者に紹介すれば、ちゃんと金額を出してくれるな。この人はちゃんと買えるんだな」と思われ、徐々にいい物件情報をもらえるようになるのです。

ベテラン投資家の人たちの元にいい情報が入るのは、そういう業者を多く引き連れているからです。業者から見れば、「あの人に紹介すれば、買ってくれるかもしれないから、とっておきの物件を紹介しよう」となるのです。

とはいえ、初心者がいきなり業者と懇意になることは不可能でしょう。

ですから、まずは「いい物件が出れば必ず買う」という姿勢を見せるようにしましょう。冷やかしと思われている間は、いい情報はいつまでたっても入ってきません。

大量行動でスキルアップ!

これから不動産投資を始める方は、とりあえず入門書を読むことが多いと思います。しかし、「○△大家さんの成功体験談」という類の本は読んでもほとんど無意味だと思ってください。

きちんとした不動産投資の解説書、金融のテキストを一通り読んだら、あとは不動産業者や銀行回りを繰り返しましょう。週末の土日のどちらかで回るとして、1日5~6軒は新規で回ってください。そうすれば月20軒ぐらいは回れる計算になります。

それでも、仲介店舗は何万軒とあるので回り尽くすことはできません。銀行回りも同様です。

私のおすすめは、３カ月や半年など期限を区切り、その間は物件を買わないと決めて、ひたすら不動産業者回りと銀行回りに専念することです。

仲介店舗に行くと、「お値打ちですよ」と勧められた物件をどうしても買いたくなるものです。しかし、不動産は無限に出てくるものであり、絶対にそれが当たりという保証はありません。むしろ後から、好条件の物件が現れることが多いものです。

買わずに多くの物件を見続けていくうちに、おのずと自分の相場勘と決断力を養うことができるようになります。活動し始めの頃は、物件を購入するためではなく、見る眼を養うためのリサーチを徹底的に行ってください。

結果を出すためには、何より大量行動が大事です。めげずにどんどん進み、壁を乗り越えていきましょう。

POINT

・不動産投資に「一撃必殺」の裏技は存在しない。他人をあてにしないで、自分自身の力で勝ち抜く力を身につけよう。
・成功しているベテラン投資家も、相当な努力をした結果、現在の地位を築いている。初心者はそのことを肝に銘ずべきである。

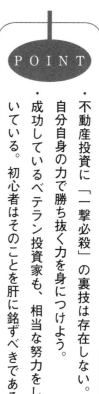

06 商売人になりきれ！

業者と投資家は、利益相反

多くの不動産投資家向けのノウハウ本やセミナーなどでは、「不動産業者との関係を大事にしなさい」と指南しています。

では、不動産業者は本当に、投資家にとって味方なのでしょうか。

不動産業者のビジネスは主に、①売主や買主または双方を仲介することで得られる仲介手数料、②業者自身が売主になって買主に物件を販売することで得られる売却益、この2つの利益によって成り立っています。

一方、買主である投資家は、「1円でも安く、いい条件の物件を購入したい」と考えています。

投資家は安く買いたい。一方、業者は高く売りたい……。つまり、投資家の味方に思える業者も実は、投資家と利益相反の関係にあると言えます。

◆脱・お買い物感覚

できるだけ高く売りたい業者と、少しでも安く買いたい投資家。不動産投資ブームの昨今、この両者のうち、どちらかと言えば業者の方が有利な状況にあります。

中には、査定額は最初から1億円なのに、1億2000万円で売り出し、「お客様のために、頑張って1億円に値下げしました」などと営業する業者もいます。

相場を知らない投資家は、「2000万円も安く買えてラッキー!」と、飛びついてしまいます。

物件を探し回っている投資家は、お値打ちと思える物件を目の当たりにすると、自分が儲かるイメージしか頭になく、「相手が儲けている」というところまで、なかなか思いが巡らないものです。

しかし、繰り返しますが、業者と投資家は利益相反の関係にあります。である以上、「自分は必ず相手の利益のために何かを負担している」という意識を常に持たなければいけません。

そのことに気づかなければ、経験豊富なやり手の業者と対等に渡り合うことはできません。完全にお買い物感覚で、何もわからないまま物件を買ってしまう状況では、業者や売主、自称コンサルタントが得をし、投資家が一方的に損をしています。

しかし、それは投資家自身の問題でもあるのです。投資家自身が不動産の知識と行動力を持ち、対等に渡り合わなければ、一方的に負けても文句は言えません。それにもかかわらず、お客さん感覚で「俺は客だ」とふんぞり返り、業者のやり手営業マンにコロッと騙される方が後を断ちません。

反対に自分の利益ばかりに固執して交渉してもうまく行かないのは事実です。相手の商売の仕方を理解しつつ多少は儲けさせて、かつ自分の利益も確保するという、すぐれた交渉術を身につけましょう。

業者や自称コンサルタントの勧めるままに物件を購入し、賃貸経営に行き詰まる投資家が減らないのは、こうした交渉術を持たずに、お買い物感覚な状態から抜け出せないことも原因の一つなのです。

POINT

- 業者と投資家は「利益相反」関係にある。業者も結局は自分たちの利益のために動いているという当然の事実を肝に銘じよう。
- 〝お値打ち〟物件を業者から紹介されても、それを真に受けてはいけない。業者は確実に自分たちの利益を確保している。

07

儲け以外は考えるな！

業者をすぐに信じるな

誰でも最初は、不動産会社の人の言うことを信じてしまいがちです。

不動産は大きな買い物ですし、数億円という物件を買うときは、自分のお世話をしてくれ、情報を持ってきてくれる業者を信頼したくなる気持ちもわかります。もちろん、信頼関係を築ける業者もいますし、はじめから悪意を持ってあなたを騙す業者は滅多にいません。

しかし、忘れてならないのは、相手も稼ぐことが目的だということです。有利な取引をするために信頼関係はどんどん築いていくべきですが、だからといって、業者の言うことを鵜呑みにするのは危険なのです。

彼らは「○年後にキャッシュフローがいくら残り、税金がいくらかかるのか」という肝心なところまで面倒を見てくれるわけではないのです。ですから、彼らが話した内容をそのまま信じるのではなく、自分なりに内容を吟味して判断しなければいけません。

不動産投資初心者の方に多い誤解のひとつに、「不動産業者は不動産のプロだから、投資のこともすべてわかっているだろう」と勘違いしていることが挙げられます。はっきり言ってしまえば、不動産業者は土地や建物を見るプロであっても、投資に関してはシロウトです。

投資物件をいかに回していくのか、毎月いくらの収入や支出があって最終的な税金がどうなっていくのか。そういうことを勉強したことはありませんし、そもそも興味もないのです。業者は物件を売るのが仕事です。売った後で、投資家が儲けようが損しようが、関係はないのです。契約をまとめて投資家に物件を引き渡し、利益を得た後は、早く次の物件契約を取りまとめようと、他の投資家に舵を切るだけです。

買ってから、「空室が埋まらない」「物件が売れない」と業者に文句を言っても、誰も責任をとってはくれないのです。

◆業者のシミュレーションは信用できない

融資付けまでアレンジする業者などが、収支計算書をつけて物件情報を持って来る場合があります。

しかし、彼らは、実際に不動産を運用した経験がなく、賃貸経営に必要な費用や税金の推移、金利の推移などを理解していません。ですから、その数値を信用してはいけません。

過去にあった話ですが、新築の区分ワンルームマンションに関して、私が衝撃を受けたエピソードがあります。

他社で、新築の投資向け区分ワンルームマンションを販売している業者がいました。

その業者は「税金が戻ってきます」という触れ込みで収支計算書を出し、物件を販売していました。しかし、実際にシミュレーションをしてみると、家賃が低いために、最初の1年目にわずかなキャッシュフローが出ただけで、翌年からローンを完済する30年後までずっと赤字という結果でした。

つまり、投資家は29年もの間ずっと、手持ちの現金で補填し続けなければ、物件を保有できないのです。

そもそも新築の区分ワンルームマンション投資は、本業の税金対策のために物件を買う方が多いのですが、「満室でも赤字、空室だともっと赤字」では、何のための節税なのかわかりません。きっと売っている営業マンたちも、自分たちが何をしているのか、理解していなかったのではないでしょうか。

業者によっては、難解なDSCR（元利金返済カバー率）などの詳しい計算資料を出してくるケースもあります。しかし、そもそも投資理論をよく理解しないで作っているため、ポイントが大きくずれていたりします。

また、フルローンやオーバーローンを組む前提なのに、ROI（投資した資本に対して、得られた利益の割合）を出してくるような業者もいました。

つまり、業者はわかっているようなフリをしているだけで、実際のところ、会計や税務の知識をよく理解していないのです。

知ったかぶりの業者をあてにするのではなく、投資家自身が勉強し、セミプロとして不動産に向き合うことが大切です。

POINT

・不動産業者は土地や建物のプロであっても、投資のプロではない。あくまでも物件を売るのが仕事であり、その先の保証をするわけではない。
・業者だからといって、不動産投資のすべてに通じていることはありえない。業者の出す収支計算は当てにならないことが多い。

08

借金するなら死ぬ気でやれ!

レバレッジの魔力と恐怖

不動産投資は、時に億単位の借金を伴います。大きな借金を抱えているからこそ、オーナーがより真剣になり、投資が成功する原動力になる、とも言えるのです。

私自身もお客様の資産運用に際し、お客様に5億円もの融資を受けていただく場合があります。「借金していただくからには、絶対に失敗させない」と心に決めていますし、実際に過去に損をさせたことはありません。

私は債務整理の会社に勤務した経験がありますので、借金の怖さを身をもって知っています。だからこそ、お客様の資産を守るべく必死で頑張れるのです。

しかし、この「借金の怖さ」が麻痺してしまっている投資家も少なからず存在します。融資を受けて不動産を買った途端、毎月、銀行の残高がどんどん増えていきます。すると、それまでは給料の中できっちりやりくりしていた人が、何かに取り憑《つ》かれたかのように、億単位のフルローン、オーバーローンと大きな借金を平気で背負うようになったりします。

しかし、口座に積み上がっていく残高は、その段階ではまだ「利益」ではありません。どんどん入ってくるキャッシュフローも、単なる借金の前借りに過ぎず、いつしかキャッシュフローの減少や、デットクロスの危機などを迎え、毎月の返済に困るぎりぎりの状態にまで追い込まれるかもしれないのです。

不動産投資は儲かります。しかし、儲けるためには投資家は気持ちを強く持ち、多額のお金をコントロールしていかなければいけません。

◆危機感のなさが命取りになる

不動産投資はほとんどの場合、多額の借金を背負い、返済しながら進めていく投資です。ですから、死ぬ気とはいかないまでも、本気で取り組まないと大変なことになります。

しかし、私が最近出会った、いわゆる「サラリーマン投資家」の方々の中には、そうでない方も多くいました。

「なんとなく1棟買ってみました」

「こういう物件を買ったんですが、どうですかね?」

「これはちょっと損しそうだし、あまり勝てそうじゃないですよね?」

こんな様子で、危機感をまったく持っていないのです。

たとえば、1億円で物件を購入したとします。しかし、築年数が古くて今売ったら8000万円にしかならないという債務超過の物件だったとします(実際によくある話です)。

もし仮に、1億円のフルローンを組んでしまい、実際に売ったら8000万円だったとすれば、2000万円の無担保債務だけが残ります。これは本当に恐ろしいことです。2000万円もの借金を延々と返し続けて、最後に何も残らないのですから。

それにもかかわらず、サラリーマン投資家の方たちは、そこに恐れを感じていないのです。

「やっぱり、今売るとちょっと損しちゃいますよね」といった具合です。

◆身銭を切る痛みを思い出せ！

サラリーマン投資家の方々が借金の怖さを感じていない一番の理由は、物件をフルローンやオーバーローンで購入しているため、自分のお金を1円も出していないからだと思います。

不動産投資ブームが訪れる前は、たとえフルローンと言えども、諸費用ぐらいは自分で出していました。それより前はそもそもフルローンそのものが存在しなかったため、1億円の物件を買うには、1000万～2000万円の頭金、あるいはそれ以上の資本を投入することが当然でした。「身銭を切る」という言葉がありますが、まさに「自分の身を削って投資する」という覚悟があったのです。

それが今では1円も懐を痛めずに、物件が買える時代になってしまいました。

不動産投資の本や塾、セミナーなどでは、「成功したいなら借金をしろ」と煽られます。まるで借金することにビビっている方がバカだと言わんばかりです。

しかし、借金に対しては臆病で当然なのです。セミナー講師も自称コンサルタントも、困ったとき、借金を肩代わりしてはくれないのですから。

では、借金の重みを感じつつ、真剣に不動産に取り組めるようになるには、どうしたらいいのでしょうか。

一番有効なのは、物件を現金買いすることです。これは、RC1棟マンションのような億単位の投資ではなく、中古の区分マンションや古い戸建てなどを買う手法です。

自己資金を用意できなければ、生命保険や自分の年金保険、お子さんの学資保険を解約するという手があります。家を買うためにこつこつと積み立ててきた頭金を使うのもいいでしょう。そういった「汗と涙の結晶」の資金を投じれば、誰でも真剣になれるものです。

それに、現金で物件を買えば、フルローン投資などよりも、稼ぐことははるかに楽です。たとえば、500万円の現金で購入し、同じ価格で売れた場合、その間に入るキャッシュフローは丸々稼ぎになります。スケールは小さいですが、フルローンよりずっと立派な投資と言えます。

フルローンの罠

「自分でお金を出さなくても、毎月キャッシュフローが入ってくるのが不動産投資だ」と思い込んでしまうと、失うものは何もないように錯覚してしまいます。

しかし、それは罠なのです。債務超過のマイナス状態からスタートした場合、キャッシュフローは借金を埋めるためのものであり、利益ではありません。儲けだと思って浪費していたお金が、実は借金の一部を前借りしただけだったということです。

物件が買ったときよりもずっと高値で売れるのであれば、一発逆転というケースはあり得ます。しかし、そんなケースは滅多にあるものではありません。通常は、買ったときより売るときの方が物件が古くなり、価格は「下がる」のが基本だからです。

オーバーローンを引いているのなら、価格が下がった分も、キャッシュフローから回収しなくてはいけません。つまり、ものすごく不利な戦いを最初から挑んでいるのです。

オーバーローンで億単位の借金を背負い、債務超過状態に陥っているにもかかわらず、「キャッシュフローが年間1000万円、資産合計10億円まで買い増したら、余裕でリタイアできます」というような理論でセミナー講師などを務めている人がいます。

しかし、こんな話を信じてマネをすれば、資産形成でも何でもなく、新たな借金王を生むだけだと私は心配しています。

POINT

・オーバーローンやフルローンで不動産投資を始めた人の中には「多額の借金をすることの怖さ」についてよくわかっていない人が多い。
・現在は自分の懐を痛めずに物件が買える状況であるが、それがシロウト投資家の感覚を麻痺させてしまっている。

09

収入は覚悟に比例する！

オーナーが一番真剣になれ！

地方都市などに、いつまでたっても空室を埋めることができず、半ば放置されているような物件が多くあります。一方で、自分が住んでいる場所から離れた場所に物件を持っていても、高稼働で順調に運営しているオーナーがたくさんいるのも事実です。

その差は、一体どこから生まれるのでしょうか。

答えは、オーナーのマインドです。成功しているオーナーは本気であり、真剣さが違います。言うならば、彼らは素人ではなく、セミプロなのです。

オーナーが真剣なら、周りのパートナーも本気にならざるを得ません。管理会社も、うるさいオーナーだと思いつつ、オーナーを黙らせるために必死に空室を埋めようとします。そして玉突きのように、うるさい管理会社に突っつかれた客付けの仲介営業マンも、入居希望者を積極的に案内するので、空室が早く埋まることになるのです。

逆に、オーナーが真剣でないと、管理会社はなかなか重い腰を上げませんし、仲介営業マンも他の真剣なオーナーの物件を優先します。結局、オーナーが真剣に取り組まないと、空室を埋めることは難しいのです。

原因よりも手段にフォーカス!

オーナーが真剣になれば、空室は埋まります。ではどうやって、空室を埋めることができるのでしょうか。

空室が埋まらない要因は無数に考えられます。たとえば、エリアや立地が悪い、家賃が高い、築年数が古い、日当たりが悪い、内装や設備が傷んでいる、敷地に雑草が生えている、郵便ポストにチラシが溢れている、などです。

ポイントは、空室が埋まらない原因をこまごまと探して悩んでも、意味がないということです。

それよりも、どうやったら空室を埋められるか？　つまり、手段にフォーカスした方が、成果は出やすくなります。

たとえば、賃貸仲介の営業マンに「営業」することはかなり有効な手法です。

営業マンと仲良くなり、折を見てプレゼントなどを持っていきます。そうやって懇意にしていると、入居希望者を案内するときに、「ここのオーナーさん、いい人なんですよ」と入居者の背中を押すようなことを言ってくれたりします。

入居希望者は、建物や部屋といったハード面と同時に、営業マンの心のこもり具合や、声の明るさ、笑顔など、ソフト面もよく見ているものです。そのため、この手法は意外に有効です。

POINT

・投資家が一番真剣にならないといけない。投資家が真剣であれば、周りの業者も真剣にならざるをえない。
・空室が埋まらない場合、その原因をあれこれ探しても仕方ない。それよりも、手段にフォーカスして埋める方策を考えたほうが建設的。

10 投資判断に100%正解はない!

最適解は人それぞれ

不動産投資家の方々と話していると、正解を求めている方が非常に多いと感じます。

特に投資初心者の方々は右も左もわからない状況です。「こうしたらいい」という正解を知りたい気持ちはよくわかります。しかし、残念ながら不動産投資にコレという正解はありません。

第一に、不動産は同じものが一つとして存在しません。また、銀行の融資も、時期や当たる担当者によって、審査が進んだり進まなかったりなど、個別の変動要素が多くあります。

つまり、「100%結果が出るやり方は存在しない」ということです。

不動産投資を始めたばかりの頃は、投資に対する軸がまだ固まっていない場合が多く、いろいろと迷いが生じるものです。

地元で木造アパートを建てたらいいのか、地方でRCマンションを探すべきか、あるいは東京に絞った方が確実なのか……。そのようなことで悩んでいると、いろいろな人がそばに寄ってきて、「これは正しい、あれはダメだ」と言ってきます。

そんな中で、100点満点の物件を見つけようと試行錯誤をしますが、答えはなかなか見つかりません。なぜなら、誰が見ても完璧という、100点満点の物件なんてないからです。物件にはそれぞれ、良いところと悪いところが必ずあります。立地が良ければ値段が高く、建物が古ければ、人気がなくて割安になります。それが、相場というものです。

もし100点満点の物件があったとしても、それを手に入れることは不可能です。そもそもオーナーが手放さないか、2倍・3倍の値がついて、結局、割に合わない投資になってしまうのが関の山だからです。

コレという正解がない中で、自分にとっていい物件を探すことこそ、不動産投資の面白さであり、肝になる部分でもあるのです。

迷っているとカモられる

不動産投資に限らず、不安なときは誰でも、「詳しい人に導いてほしい、迷っていることを解決してほしい」という気持ちが湧いてくるものです。

しかし、そこで安易に「誰か答えを教えて！」とすがるようではいけません。弱みにつけこんだやり手のベテラン営業マンのカモにされてしまうからです。

たとえば、夜に一杯飲もうと、繁華街を歩いているとき、「うちの店いいですよ。安いですよ」と客引きから声がかかり、その店に入店したとします。その結果は、美味しい酒が飲めるどころか、思っていたより高い料金を支払わされて、後味の悪い思いをする羽目になることでしょう。

デパートの食品売り場や観光地の土産物売り場でも同じです。キョロキョロしながら店内を歩いていると、周りの売り子さんからどんどん声がかかり、気がつけば買う気もなかった商品をいつの間にか買ってしまったりします。

つまり、迷っているときは、誰もが心理的にコントロールされやすい状態なのです。

不動産投資でも同じことが言えます。「不動産投資をやってみたいけれど、資金はないし、やり方もわからない。どうしたらいいものか」とネットを検索していると、暗闇から光が差すように成功大家さんが現れ、「わたしにもできました。誰でも資産が築けます」と救いの手を差し伸べる……。

しかし、そんな誘いに乗ってもうまく行く確率が低いのは、みなさんご存知のとおりです。

◆正解はないが、判断はできる

では、正解のない不動産投資を、どうしたら成功させられるのでしょうか。

ここを押さえれば正解に近づくというポイントはあります。

・数字や動向を読む力
・物件の価値を見抜く力
・安く買ったり、高く売る力
・銀行から融資を引く力

・客付けから税金まで、運営していく力

特に事業収支、税金、物件の資産価値などの数字を読み解く力は重要です。

実は、不動産ほどリスクを数値化しやすい投資はありません。

仮に、都内のアパートで空室があったとしても、相場の家賃より1割か2割値下げすれば、絶対に入居が決まります。元の家賃と値下げ率、値下げ後の家賃と利回り、すべてを数値化すれば、オーナー自身が入居をある程度コントロールできるということです。

物件を売却する際の値付けも、数値化することで見えてきます。土地や建物の相場、物件の築年数、現在の利回りとキャッシュフローなどを元に、数値化すればするほど、上下に振れるリスクの幅がはっきりと見え、いくら以上なら儲かるのかが簡単に計算できるようになります。

「地方がいい」「都市がいい」「アパートはダメだからRCにしろ」など、外野は色々な助言をくれるものですが、彼らはたまたまその投資法でうまく行っただけで、何が確実なのか本当はわかっていないのです。

他人の経験談よりも、数値を重視しましょう。それが成功への近道です。

◆材料をそろえたらスパッと決断する

選択肢が複数あるのに、どれか1つしか選べないというシーンは日常生活で多くあります。先週いい物件情報が入ってきたと思えば、今週も似たような情報が入ってきて、どちらにしようか迷う場合もあります。

こんなときは、迷っているよりも早く決断して先に進むことをお勧めします。

とはいえ、決断するのには勇気がいるし、時間もかかると思う人は多いでしょう。

物件を購入するか否かを判断する際は、様々な情報を集め、将来の売却価格を査定し、予想される収支とリスクを数値化して慎重に分析しますが、それをしても最終判断で迷うケースがあります。

そんなとき、私の基準になるのは、「最悪、自分で住めるかどうか？」です。別に、現在の自分自身でなくても構いません。「学生の頃に住めたかどうか？」でもいいのです。

まったくの直感で、数字などは出てきませんが、大きな決断をするときに、最後の最後で迷うということは、意外に多いものです。「自分はこれ！」という最終判断基準を持っておけば、土壇場で自分の背中を押す強力なキーワードになるはずです。

POINT

・不動産投資に「100%の正解」はありえない。しかし、正解に近づける判断力のポイントは存在する。
・判断材料をそろえたら決断はスピーディーに行う。迷ってしまうと、業者にカモられる。

第2部

戦　略　編

最終ゴールは「専業レベル」！

第2章

9割の投資家が2〜3棟で頭打ちになる理由

01

地方RCフルローンは9割破綻する！

今の地方RCマンションは高すぎる

昨今の不動産投資ブームの影響により、全国的なレベルで特徴的な現象が起きています。高値で推移して来た都市部の物件はもちろん、地方の投資向けRCマンションといった物件でも、かつてないほどの値上がりを見せているのです。

その結果、地方の物件は、これから投資しても採算が合わない状況になってしまいました。

そもそも、都市部と地方とはどの辺りのことを指すのでしょうか。

主に「都市部」と定義されるのは、投資ファンドやREIT（不動産投資信託）が投資を行うような比較的大きな都市です。

北から順に、札幌、仙台、一都三県（東京、千葉、埼玉、神奈川）、名古屋、京都、大阪、神戸、広島、福岡といった、主に人口が１００万人を超えるような大都市を指します。

一方、「地方」と呼ばれる都市は、東北であれば青森や秋田、甲信越や北陸では新潟や金沢、最近よく耳にするのは岐阜や松山など、「都市部」に定義した大都市以外の、全国各地の県庁所在地がこれにあたります。

地方ＲＣ物件の採算が合わなくなった第一の理由は、先ほど述べたように地方の投資物件が高騰し、利回りが急落したことです。

不動産投資ブームが訪れる4～5年ほど前まで、地方の投資物件は都市部に比べて価格が割安だったため、表面利回りが15～20％という「超高利回り物件」がいくらでも見つかりました。しかし、ブームが訪れて物件の価格が高騰した結果、表面利回りは10％を切ってしまっています。

それだけでなく、地方ではそもそも満室想定がしづらいため、表面利回りに８割や９割などの掛け目を入れなければ、実際の利回りを試算することはできません。

その掛け目を入れずに10％の表面利回りで高金利のローンを長期で組んでしまうと、毎月のキャッシュフローを維持することが困難になります。

このようなリスクの高い物件を買えば、苦労することになるのは目に見えています。

◆なぜ、地方RCに融資がつくのか

ではなぜ、そんな割の合わない地方RC物件に対し、銀行はフルローン融資をOKするのでしょうか。実は、この原因こそが現在の不動産投資ブームにおける一番の問題だと私は考えています。

不動産投資家は、物件の購入を考えたときに、多くの場合、銀行の融資を受けることになります。そして、銀行は融資審査の段階で、投資家本人の属性とともに、その担保でいくらの融資が可能なのかを積算する、いわゆる「担保評価」を行います。

実は、この担保評価には、（銀行自身も気づいているのですが）重大な欠陥があるのです。

どんな欠陥かというと、路線価や固定資産税評価額といった公的な不動産評価基準と、実際の取引価格の相場との間に、大きな乖離《かいり》があるということです。

この歪みが存在することで、都市部は評価よりも取引価格の方が何倍も高く（評価＜相場）なり、反対に地方は評価よりも取引価格の方が低く（評価＞相場）なるという現象が生じます。

金融機関は公的な評価を重視して担保評価を行うため、価格が安い割に評価が高く出る地方物件に融資がつきやすくなり、本来なら自己資金が不足して買えなかったはずの地方物件が、銀行からフルローンやオーバーローンの融資を引いて簡単に買えるという状況が生まれているのです。

◆危険すぎる地方・RC・フルローン！

億単位のフルローンやオーバーローンの融資を引くことで、簡単に買えるようになった地方RC物件ですが、儲からないという問題以上に、大きなリスクがあります。

フルローンなどで購入した投資家の約9割が、その大きな落とし穴によって、実質的に破綻状態にあると私は考えています。

ご存知の方も多いかと思いますが、特定の地方銀行などでは、不動産投資向けに年4〜5

%といった高い金利で、フルローンやオーバーローンの長期融資を積極的に展開しています。

そういった銀行では、先ほど述べた不動産の担保評価システムを拡張し、投資向け物件に対して、より多くの評価づけをしています。

その結果、自己資金を1円も投入せず、高金利のフルローンやオーバーローンで地方RC物件を買う投資家が、急激に増えています。


ここからが重要なのですが、フルローンやオーバーローンで物件を買うと、基本的にローン残高が帳簿上の資産価値を上回る「債務超過」状態に陥ります。

毎月のローン返済などで、そのバランスが徐々に改善していけばいいのですが、地方の中古RC物件などでは、債務超過が改善するどころか、より悪化していくケースが大半という現実があります。

債務超過の状態では、銀行は次の融資を行いません。つまり、そのような状態になれば、次の物件を買うことができなくなり、不動産投資はそこで終わってしまうのです。

そして、次に待ち受ける大きな落とし穴が、「デットクロス」と呼ばれる現象です。

フルローンやオーバーローンで物件を購入すると、早い物件では5年から10年で、金利や減価償却といった経費が減り、その一方で所得が増えるために、税金が急激に上がることになります。これがデットクロスです。

デットクロスを迎えると、「帳簿上は黒字なのに手元に現金がない」という状況を迎えることになります。

貯まったキャッシュフローから税金を捻出できればいいのですが、キャッシュフローが十分でない物件では、それが叶いません。

つまり、フルローンやオーバーローンで物件を買った多くの投資家は、資産を増やすどころか、債務超過で売り時を逃し、デットクロスでとどめを刺され、いずれ破産の危機に直面するということです。

これらのメカニズムは後ほど詳しく解説しますが、「フルローン投資の9割が実質破綻状態」と私が言ったのは、このような問題があるからです。

◆地方の土地は0円以下

昨年、「秋田市内で、新築分譲マンションが2018年に竣工されます」というネットニュースを見ました。「なぜそれがニュースに?」と多くの方が思うでしょう。実は、秋田市内で新築分譲マンションが建設されるのは、6年ぶりだったのです。

需要はあるのです。それなのになぜ、秋田でマンションが造られなかったかというと、タダで土地をもらっても採算が合わないため、マンション販売のデベロッパーが手を出せなかったのです。

私は過去にデベロッパーでマンションの開発に携わっていたことがあるので、この話を聞いたときは納得しました。

2008年のリーマン・ショック前後では、秋田どころか北関東エリアですら、土地がタダでも採算が取れませんでした。水戸や高崎などの地方都市では、検討することさえできませんでした。

2011年の東日本大震災以降、RC物件の建築コストが上昇し、ファミリー向けRCマンション1戸あたりのコストは、2000万円から2500万円くらいにまで高騰しました。

土地はエリアや立地によって価格が異なりますが、建築コストはどこでもそれほど変わりません。

土地がタダでも、建築コストを回収し利益を上げるためには、一定以上の価格でマンションを販売する必要があります。

しかし、地方のサラリーマン世帯では、支払いが可能な住宅ローンは月６万円程度というエリアもあります。金利１％で35年間の返済期間だとすると、仕入れ金額が約２１００万円。これでは建築コストに見合わないということです。

地方で物件を買って、「最後は土地として売ればいい」もしくは「新築物件を建てればいい」と考えている人は、それがいかに甘い見込みか、この話を聞いて実感するのではないでしょうか。

このように、地方の土地は資産にはなりえません。それどころか、マイナス資産になって、税金を払い続ける羽目になるかもしれないのです。

POINT

- 近年の不動産投資ブームにより、地方の物件は高騰した。その結果、利回りが急落し、「地方・ＲＣ・フルローン」は採算が合わなくなっている。
- 新築でも地方は採算が合わなくなってきている。地方への投資はマイナス資産になることが確実である。

02 「持ち続ければ資産になる」は大ウソ！

キャッシュフローは「儲け」ではない

物件を購入し、保有していると、入居者から家賃収入が毎月入ります。そこから銀行への返済、管理費用などの経費を差し引いたキャッシュフローを「儲け」と考える投資家が多くいます。

しかし、話はそう単純ではありません。

不動産は融資を受けて購入することが一般的です。言い換えれば、借金が前提となる投資です。

そして、銀行から1億円の融資を受けて購入したものの、売却に出したら8000万円程度にしかならないという、いわゆる「含み損」を抱えた物件を所有する投資家が非常に多く存在します。

もし、この物件によって毎月20万円のキャッシュフローが入って来るとしたら、それは「儲け」なのでしょうか。いいえ、含み損がある状況で入ってくるキャッシュフローは、単に借金の前借りをしているだけ、と私は考えます。

この状況が20年後までずっと続くなら、残債が減り、キャッシュフローも溜まるため、「儲かった」と言うこともできるかもしれません。あるいは、5年後や10年後に不動産相場が高騰し、含み損が消えるケースもあるでしょう。

しかし、その反対に、「将来もどんどん価値が下がり含み損が膨らんでいく」という可能性も考えられるのです。

つまり、不動産投資は、儲かった、儲からなかったという判断を、どの時点でジャッジするかによって、「儲け」の意味が大きく変わるという特徴があり、それを理解して、運営することが大切と言えます。

◆「返済がキツくなり、売却もできない」恐怖のシナリオ

含み損がある物件でも、保有し続けて残債を減らしていけば、いつかは「儲け」になる、と安易に捉えるのは危険です。

築年数が経つにつれ、修繕などの経費がかさむ割に、入居者の客付けが厳しくなるなど、想定した家賃収入を得続けることが簡単ではなくなるからです。

現在の不動産投資ブームでは、築30年の物件に30年のローンが組めてしまうようなケースが多く見られます。しかし、実際に30年間保有し続けたとしたら、完済後は築60年となり、いざ売却となっても、簡単に売ることはできません。

その間にも人口は減り続け、新築マンションはどんどん建っています。相当安くなければ、買い手は現れないでしょう。

何より怖いのが、物件を持ち続ければ、税引前のキャッシュフローよりも税金の支払額が大きくなる「デットクロス」という現象が訪れることです。対策を講じなければ、デットクロス以降は税引後のキャッシュフローが毎年マイナスになり、不足分を手持ち資金から支払

うことになります。

「売却もできない、キャッシュも残らない」となってはどうしようもありません。

では、不動産投資で「儲ける」ためには、何を頼りにすればよいのでしょうか。

答えは「純資産」です。つまり、所有物件を売却して借入金を返済したら、最終的にいくら手元に現金が残るのか、ということです。物件を安く買って高く売ることを繰り返し、現金残高を増やしていくことが相場に左右されない不動産投資のやり方です。

キャッシュフローを目当てに長期保有してしまうと、年を追うごとにキャッシュフローが減り、売却時の価格も下がるため、トータルで見て、現金を残すことが難しくなります。

不動産投資では売却時に初めて、その物件が「儲かった」のかどうかを確定することができます。その意味でも、長く持ち続けることは得策とは言えないのです。

◆出口なければ利益なし!

理想論ですが、最も確実に儲かるのは、「値下がりしない物件」を買うことです。

値下がりしない立地で新築物件を現金購入し、10年ぐらいで売却できれば、購入時の融資額がそのまま戻り、その間に貯めたキャッシュフローは、すべて自己資金にすることができます。

しかし、現実はそれほど甘くはありません。10年後にデフレになった、市場が供給過剰になったなど、価格が変動する要素は、購入時点では予測しにくいものです。

そのため、将来的に起こりうるリスクを、購入時にある程度想定しておくことが重要なのです。

不動産投資には、次のように、大きく分けて2つの儲けがあります。

①キャッシュフロー（インカムゲイン）……入居者が支払った家賃などから、銀行への返済、管理費用や税金などの経費を差し引いた手残り

②売却益（キャピタルゲイン）……物件を売却し、残債と諸費用、税金などを差し引いた手残り

最初にお伝えしておくと、これらの利益は不動産投資を行えば必ず得られるというものではありません。不動産投資が確実に儲かるのであれば、国や大企業などが資金力にものを言わせ、こぞって不動産に投資しているはずです。

しかし、現実は違います。それどころか、不動産投資家の約9割がまともに現金を残すことができていないと私は考えています。

キャッシュフローはある程度正確にシミュレーションをすることができますが、売却益はいくらで売れるのか実際にやってみないとわからない面があります。そして、キャッシュフローの累計と売却益の合計が長期で見たトータルの利益になりますから、「売却してはじめて利益確定」ということになるのです。しかも、毎年のキャッシュフローよりも、売買金額の方がはるかに高額なので、売却を失敗すると貯まったキャッシュが吹き飛ぶということもあり得ます。そのため、物件を購入する時点で出口を想定しておくということが最終的にお金を残すために極めて重要です。

不動産投資は他の投資と異なり、「外的要因に左右されにくい」というメリットがあります。

株やＦＸ（外国為替証拠金取引）といった金融商品は、世界情勢の動きや金融ショック、企業のスキャンダルなど、投資家がコントロールない部分で価値が大きく変動します。ある意味、運を天に任せる部分が多いと言えるでしょう。

一方、不動産売買や賃貸の相場は、数年単位での緩やかな上昇や下落があるものの、一夜で価値が半分になるといったことはありません。

不動産投資のデメリットは、「流動性が低い」ことです。手持ちの不動産を急いで売却したいと考えても、株やＦＸのように、数日中に現金化することはほぼ不可能です。

理由のひとつは、金額が大きく、次の購入者が銀行の融資を引くためにある程度の日数がかかるからです。また、地方の一棟物件などでは、取引可能なプレイヤーが少ないため、購入者が見つかるまでに時間がかかるということもあります。

そのような理由もあり、物件を購入したものの、思うように入居者が埋まらないといったケースでも、すぐに立地のいいエリアの物件へ鞍替えするというわけにはいきません。

この点からも出口を取れるかどうかの見極めが、命運を分けると言えるでしょう。

POINT

・含み損がある状態で毎月入ってくるキャッシュフローは、儲けではなく、借金の前借りと考えるべきである。
・不動産投資は売却して初めて、その物件が「儲かったのか」どうかを確定することができる。長く持ち続けるのは得策ではない。

03

資産を手に入れたいなら、土地の価値に注目！

セミプロ投資家として不動産事業を拡大するには、物件を短期で売り買いすることでキャッシュを獲得し、次の物件に再投資することが肝心です。キャッシュを頭金にすることで借入比率を下げ、財務三表のバランスシートを改善することで、銀行の融資を引きやすくするためです。ここでは、具体的な資金獲得の戦略を考えていきます。

◆都市部は資産性が高い

資産をつくるなら、「換金性」の高い都市部が一番です。

都市部は、不動産投資のプレイヤーや銀行が多く、買いたい人、買える人が多くいるので、

図表1　資産と負債の変化(都市部の例)

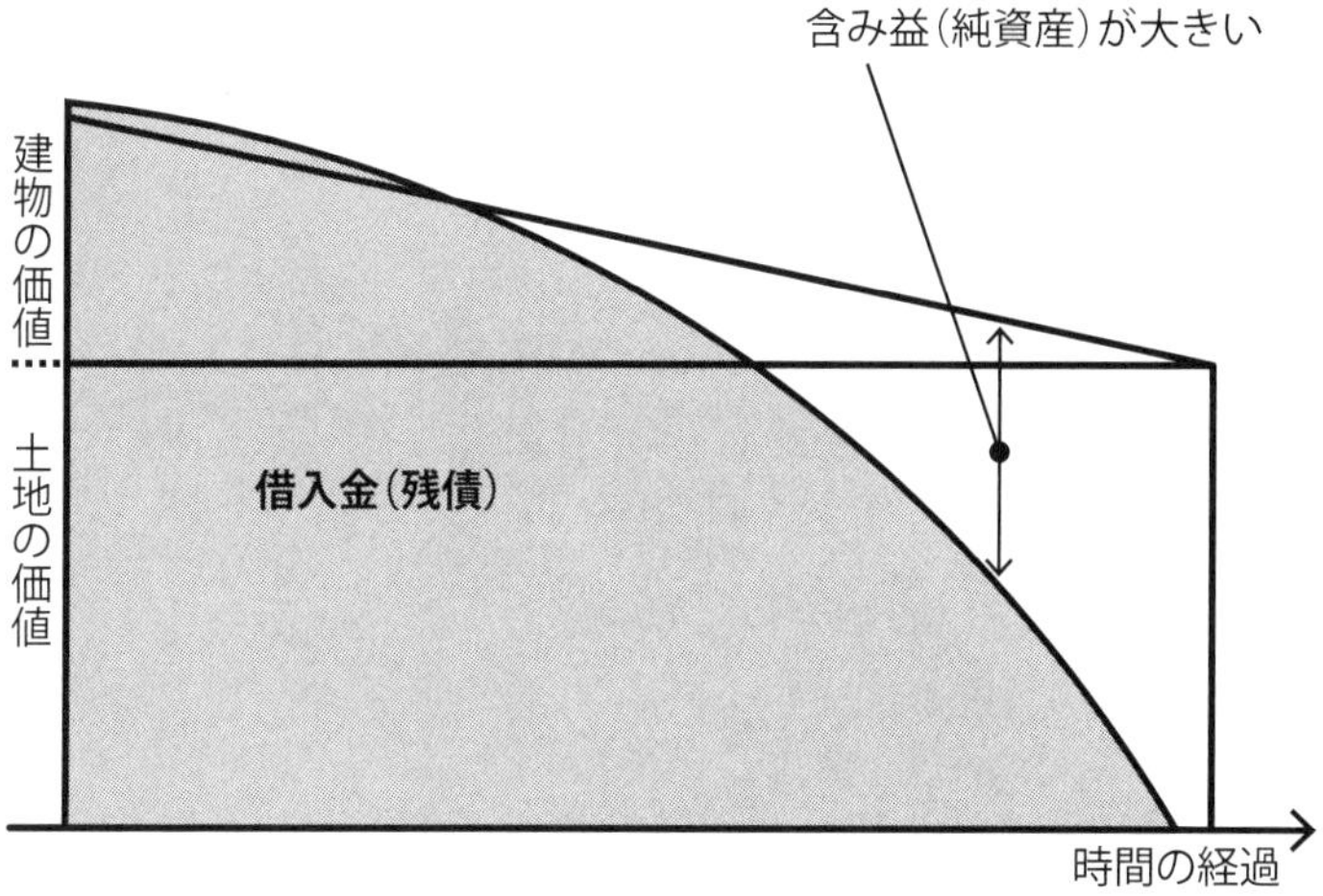

必然的に売買金額が高くなります。また、土地値が高いので、資産価値が下がりにくいのも大きな特徴です。つまり、「売却時に値下がりする要因が少なく、大きく稼げる」ということです。図表1のグラフを見てください。

都市部では、資産全体にかかる土地の比率が高いため、借入金（残債）が減るスピードに比べ、建物の価値低下は比較的ゆるやかになります。借入金の返済が進むにつれて、資産価値が逆転することとなり、その差分が含み益、つまり純資産となるのです。

純資産は売却することで、含み益を現金化することができます。また、最初から含み益がある物件を購入できるのであれば、即転売してキャピタルゲインを上げることも可能になります。

◆地方の資産価値は残らない

一方、地方では事情が異なります。昨今流行している地方ＲＣ物件のフルローン投資では、予定通りに返済しているだけでは、一向に含み益が出ません。

土地の値段が安いため建物の割合が高くなり、資産価値の落ちるスピードが返済スピードを上回るからです。図表２のグラフが、地方ＲＣ物件＋フルローンの典型的な例です。

都市部と異なり、借入金（残債）が減る以上に資産価値も急速に減るので、含み益が出にくくなっています。また、債務超過状態では銀行も融資をしませんので、含み益を出すまでは次の投資もできません。都市部とは逆に「資産価値の低下∨返済スピード」という構図になるのです。

返済途中でキャッシュを入れて繰り上げ返済をすれば、早い段階で含み益を出すことがで

図表2　資産と負債の変化(地方郊外の例)

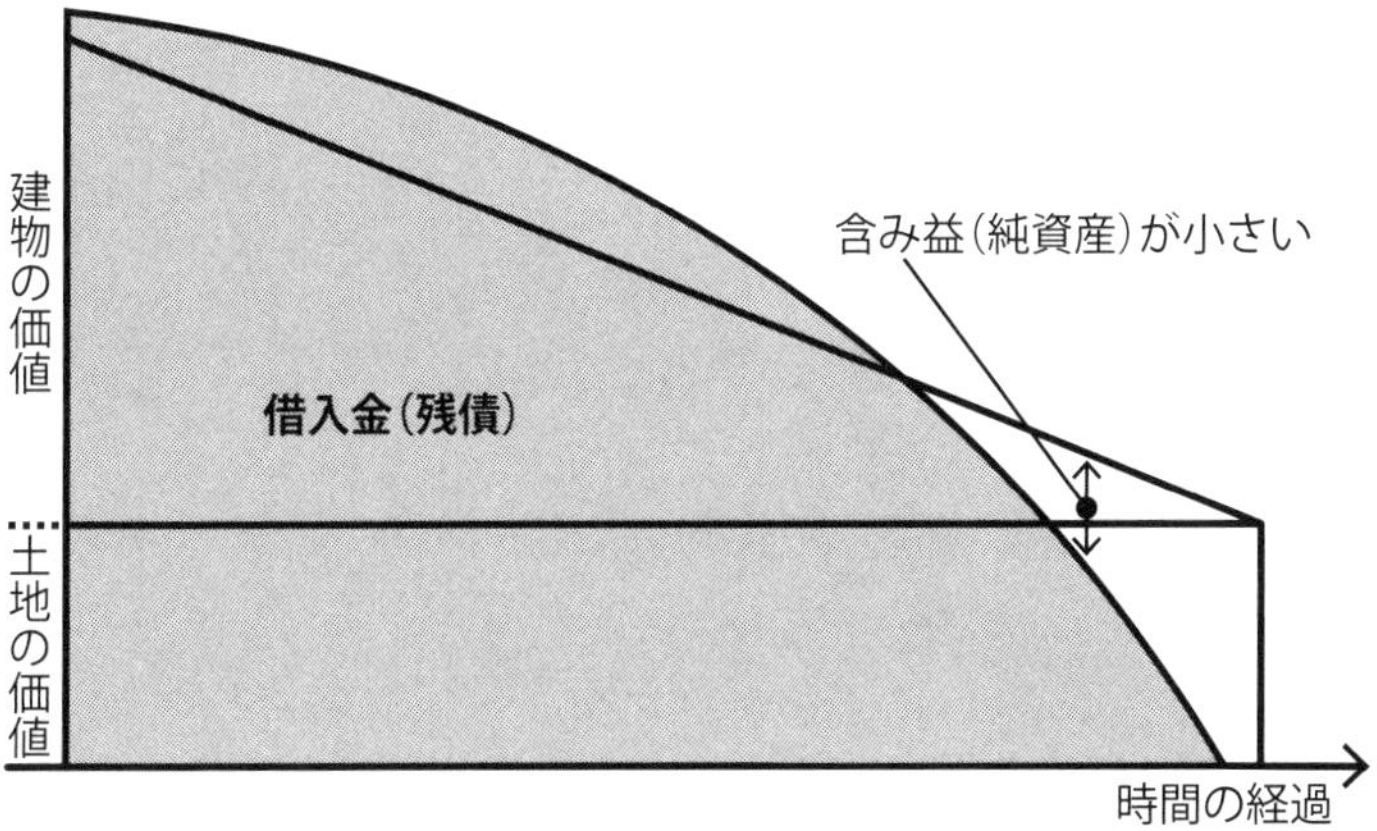

きますが、昨今の不動産投資ブームによって地方の高利回り物件が減ったため、以前と比べて、キャッシュフローの確保は難しくなっています。

そのうち、金利と減価償却による節税効果が減り、デットクロスによって税引後キャッシュフローがマイナスになります。買い値より高く売り抜けられれば良いのですが、最初の段階で高値掴みをしていると、もう打つ手がありません。

仮に自己資金を頭金に投入し、低金利のローンを借りて、デットクロスの危機もなんとか持ちこたえたとしたら、30年後の結果はどうでしょう。

建物と土地は手放さずに残すことができますが、築50年の古アパートが建っている土地の価値は、地方では実質的にほぼゼロ。解体費用を考えると、タダでも割に合いません。売らずに貸し続けたとしても、地方の築50年のアパートで満室を維持することは、相当厳しいはずです。家賃を思い切り下げても、今度は年々重くかさむ修繕費に圧迫されて、収支はマイナスに傾きます。

地方RC物件のフルローン投資は、価格が十分に安いから成り立っていたのであって、高騰してしまった今となってはメリットがない、もはや「負の遺産」と言えるのです。

◆自己資金1割が最強

このような理由から、事業規模を拡大させるためには、都市部の不動産で資産形成をすることをお勧めします。

そしてさらに、「購入→売却」を繰り返すことで得たキャッシュを頭金に入れることで、当初から純資産がプラスという状態を作っていくことができます。

図表3　資産と負債の変化（都市部・頭金１割の例）

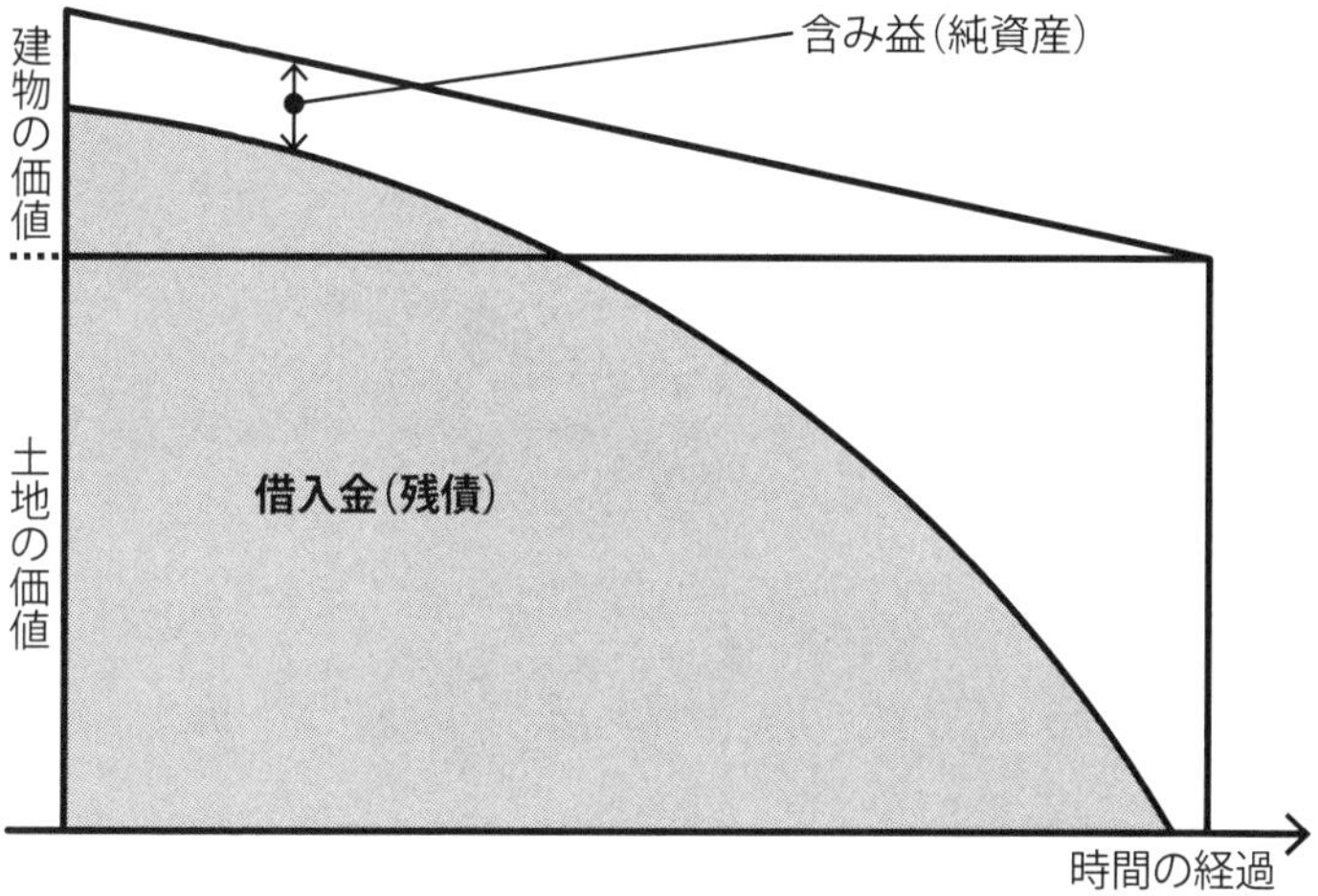

図表３のグラフを見ると、頭金として自己資金１割を入れた場合は、購入当初から最後まで含み益、つまり純資産プラスをキープできることがわかります。つまり「最初から銀行に好まれる財務状況」になるのです。

収支にも余裕が出てキャッシュフローは増え、元金返済も早くなるため、純資産の拡大スピードが早くなります。また、デットクロスの時期も遅くなるので、長期保有も可能となるのです。

銀行が融資の際に「自己資金を１割入れなさい」というのは、このように「財務状況を良くしなさい」と勧めているのであって、決して投資家に意地悪をしているわけではないのです。

「都市部の不動産に自己資金1割」

これが、投資規模を拡大する上で最も強力な、セミプロの手法、と覚えておいてください。

POINT

・都市部は投資に適した環境が整っているので、資産価値が下がりにくい。その結果、売却で大きな利益を確保できる。

・都市部では「購入→売却」を繰り返すことで当初から純資産プラスの状態を作っていける。さらに頭金1割を入れられれば磐石の体制となる。

第3章

ゴールから逆算する王道の拡大戦略

01

拡大戦略の原則は「売却&再投資」

不動産投資で規模を拡大していくには、売却&再投資のサイクルが必須です。簡単な言葉で言うと、「入れ替えて増やしていく」ということです。

「持ち続ければ老後の年金代わりになります」「一生保有できます」といった甘いフレーズを初心者向けのセミナーなどで聞くことがありますが、「同じものを持ち続ける」という発想は、不動産投資においてはナンセンスと言えます。

ではなぜ、物件を入れ替えて売却していく必要があるのでしょうか。

保有物件の稼働率が安定し、キャッシュフローも継続的に入ってきているのなら、当面は売却する必要などないのでは、と考える人もいるでしょう。

それでも私が、売却&再投資を勧める理由は2つあります。キャッシュが減るのを回避する「ネガティブ」な理由と、キャッシュを増やすという「ポジティブ」な理由です（図表

4）。

物件の入れ替えが必要になる2つの理由

まず、ネガティブな理由の代表は、前述した「デットクロス」と呼ばれる現象です。不動産は購入直後から最初の数年は、主に毎年の減価償却とローンの金利分による節税効果によって、累積キャッシュフローが順調に増えていきます。

しかし、節税効果が下がっていく後半になるにつれ、税金がどんどん高くなり、物件によっては早いタイミングで、「デットクロス」に陥ります。このデットクロスが実質的に売却のデッドラインとなります。

一方、ポジティブな理由としては、売却して現金化させることで、蓄えられた純資産を再投資に回し、資産の拡大サイクルを加速できるということが挙げられます。

物件の特性にもよりますが、1つの物件をずっと保有し続けるよりも、短期で売却し、その資金を投入して次の物件を購入していった方が、手残りのキャッシュ＝純資産がどんどん大きくなるのが一般的です。

図表４　物件の入れ替えが必要となる２つの理由

ネガティブな理由

迫り来るデットクロスを回避

ポジティブな理由

含み益の現金化＆再投資で加速的に拡大

ここでは、これら2つの理由をより詳しく解説しながら、長期にわたって資産を拡大する戦略を考えてみたいと思います。

迫り来るデットクロスの恐怖

はじめにデットクロスに至る仕組みを説明します。

不動産投資では通常、購入当初は高利回りの効果もあって、キャッシュフローは順調に入ってきます。しかし、年数が経つにつれて、周辺のライバル物件に対する競争力が落ち、家賃が徐々に下がります。それに対し、経年劣化による経費は徐々に上がっていくため、差し引きのキャッシュフローは純粋に減っていきます。

「古くなると、価値が減ってお金がかかる」。ここまでは車やマイホームと同じで、何となくイメージしやすいのではないでしょうか。しかし、ここで終わらないのが不動産投資の難しいところです。

銀行から融資を受けて返済する額の中身は、元金と利息に分かれています。元利均等返済で借り入れた場合、毎月の返済額は一定ですが、返済当初から前半にかけては利息の割合が高く、後半になるにつれ元金の割合が増える、という特徴を持っています（図表5）。

支払った利息は、会計上「経費」として扱われます。一方、支払った元金は、会計上「資産」に計上され、経費にすることができません。結果として利息よりも元金の支払いが増えてくると、キャッシュフローは変わらないのに会計上の利益が大きくなっていくということになります。

みなさんもご存知のように、所得税や法人税などの税金は、毎年度の所得や利益に対して課税されます。

そうなると、毎月の返済は同じ金額であるにもかかわらず、年が経つにつれ、経費にできる利息の割合が減り、経費にできない元金が増えていくため、課税される会計上の利益が増え、税金も加速度的に増えていくのです。

そして、そこへ「減価償却」が追い打ちをかけます。

減価償却とは、会計上、年数の経過や使用によって価値が減る固定資産を取得した場合、取得した価額を耐用年数に応じて経費にできる処理です。

減価償却も金利と同じく、毎年度の経費として計上できるのですが、決められた耐用年数の期間内に限られます。そうなると、会計上の利益と税額は、耐用年数の償却後、急激に増加します。

つまり、収益不動産を長期で保有していると、いつの日か、「家賃収入はあるのに手元にキャッシュが残らなくなり、とうとう税金も払えなくなって破産」という黒字倒産の危機、いわゆる「デットクロス」を迎えることになるのです。


このデットクロスについて、正確に理解している方は多くありません。プロである不動産業者も、全体の1割が理解しているかどうか、というレベルでしょう。こういう現象が起きることをそもそも知らないか、会計上の仕組みをよく理解していないのです。

繰り返しになりますが、収益不動産は前半にメリットが多く、後半から税金でどんどん苦

図表5　デットクロスのしくみ

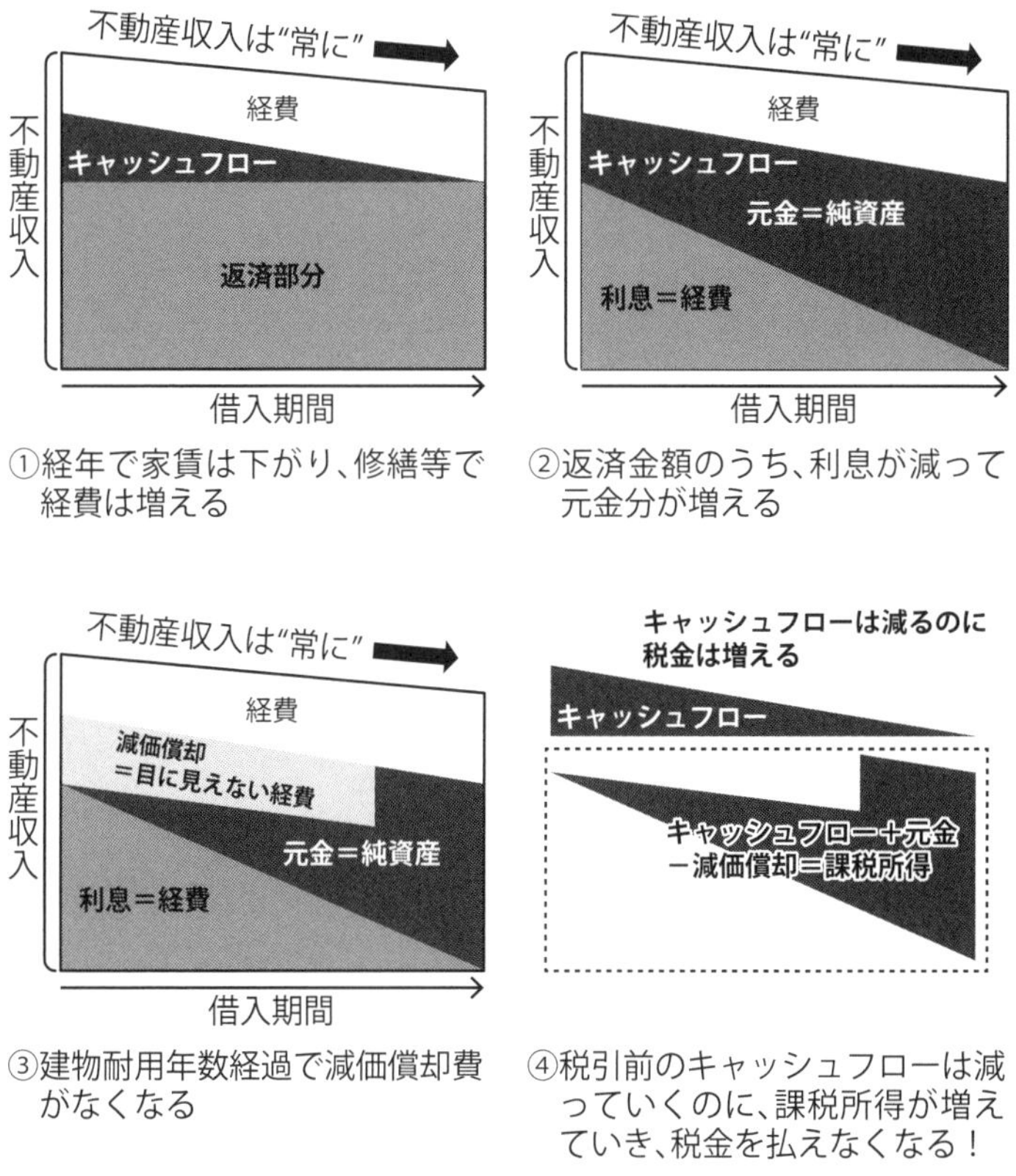

しくなるパターンが一般的です。

不動産の投資拡大を考える上では、前半の「金利」と「減価償却」によるメリットを最大限に生かし、その効果が薄れる前に売却するという売却&再投資の手法を5年ほどで繰り返すパターンが、最も効果的なのです。

再投資で資産形成を加速

そして、これら含み益を持つ物件は、再投資することで、資産形成を加速することが可能になります。次のシミュレーションを見てください。都市部に立つ築15年のRCマンションを想定します。

【1棟目】

a　家賃年収　850万円

b　購入価格　1億円

c　自己資金　700万円（購入費用分）

d　借入金額　1億円

e　金利　1・5%　返済期間　30年

f　初年度返済額　415万円（f1元金267万円、f2利息148万円）

g　運営コスト　200万円

h　減価償却費　187万円

税引前のキャッシュフローはa－f－g＝年間235万円、初年度は購入経費700万円があり赤字になるので税金はなしですが、2年目以降は所得はa－f2－g－h＝315万円なので、税率30%とすると税額が94万5000円。税引後キャッシュフローは140万5000円です。

5年後に売却したとすると、5年間のトータル収益はどうなるでしょうか。所得と税金の変動を考えず概算すると、5年間の税引後キャッシュフローの累計額は797万円程度、購入諸費用700万円を差し引いて、97万円です。

この物件が5年後、同じ1億円（税込）で売れたとすると、売却手残りはどうなるでしょうか。

A　売却額　1億円

B　簿価　9065万円

C　残債　8342万円

D　仲介手数料　306万5000円

手残りは、A－C－D＝1351万5000円程度。この税引前キャッシュフローに対し、譲渡益がA－B－D＝628万5000円なので、税率を20％とすると税額が125万7000円。税引後の純利益、つまりキャッシュは1225万8000円、簡易的に1226万円とします。

5年間の税引後キャッシュフローの累計額は97万円なので、インカムゲインとキャピタルゲインの合計で、1323万円のキャッシュが得られました。

そして、このキャッシュを、次の物件を購入する頭金に投入します。

【2棟目】

a　家賃年収　850万円

b　購入価格　1億円
c　自己資金　1300万円+700万円（購入費用分）
d　借入金額　8700万円
e　金利　1・5％　返済期間　30年
f　初年度返済額　360万円（f1元金230万円、f2利息130万円）
g　運営コスト　200万円
h　減価償却費　187万円

税引前のキャッシュフローはa－f－g＝年間290万円、初年度は購入経費で赤字になり税金はなし、2年目以降の所得はa－f2－g－h＝333万円なので税率30％とすると税額が99万9000円。税引き後キャッシュフローは196万1000円です。

5年後に売却したとすると、5年間のトータル収益はどうなるでしょうか。所得と税金の変動を考えず概算すると5年間の税引後キャッシュフローの累計額は1050万4000円程度、購入諸費用700万円を差し引いて、350万円です。

この物件が5年後、同じ1億円（税込）で売れたとすると、売却手残りはどうなるでしょうか。

A　売却額　1億円

B　簿価　9065万円

C　残債　6857万円

D　仲介手数料　306万5000円

手残りは、A－C－D＝2836万5000円程度。譲渡益がA－B－D＝628万5000円なので税率を20%とすると税額が125万7000円。税引後の純利益は2710万8000円、簡易的に2711万円とします。当初投入した自己資金1300万円を差し引いて、1411万円の儲けです。

5年間の税引後キャッシュフローの累計額350万円なので、インカムゲインとキャピタルゲインの合計で、1761万円のキャッシュが得られました。

・1棟目は5年で純利益1232万円、1年に換算すると264万円

・2棟目は5年で純利益1761万円、1年に換算すると352万円
年間の利益が約1・5倍近くになりました。つまり再投資によって、スピードが1・5倍に拡大したのです。

POINT

・不動産投資は「売却&再投資」のサイクルを回すことが王道の拡大戦略。同じ物件を長期保有することはナンセンス!
・売却タイミングの目安はいわゆる「デットクロス」到来前。しかし、デットクロスについては業者も正確に理解していないので要注意!

02

「専業レベル」ってどういうこと？

◆専業レベル＝事業単位で存続できる経営状態

不動産投資で成功すると決めたなら、目指すゴールは「専業レベル」に設定しましょう。「専業レベル」とは、仮に本業の仕事を辞めたとしても、不動産投資を事業単体として存続できる状態です。キャッシュフローがあることはもちろんですが、事業単体で銀行から融資を受けられる優良法人になることが必要です。

法人を立ち上げて物件を購入しても、最初の段階ではやはり個人の属性が重視されます。そのレベルのままサラリーマンを退職して無職になれば、その後の融資はストップし、事業の拡大が頭打ちになってしまいます。

反対に、個人の属性に頼らず、法人単体として借り入れができる状態まで持っていくことができれば、理論上、融資を無限に引くことができます。


1つの法人で売却&再投資を続けた場合、純資産がどんどん手厚くなることによって会計上のバランスシートが改善し、融資を引きやすくなります。そうなると、銀行から優良法人として認められ、より有利な条件で融資を受けられるようになるのです。

つまり「専業レベル」とは、投資家個人の属性に頼らなくても、事業単体で銀行から融資を受けられる優良法人になるということです。事業を単体で存続させることができる状態です。

物件を次々に入れ替えて純資産を増やしながら、法人を「専業レベル」に持っていく。これが不動産投資のゴールです。

◆「専業レベル」を財務三表で定義する

事業単体として存続できるという状態をもう少し具体的にしてみましょう。いわば事業計画を立てるわけですから、財務三表に置き換えて考えることをお勧めします。

聞き慣れない方もいるかもしれませんが、財務三表とは、事業会計の財務諸表において重要な3つの計算書を指します。一般的には「決算書」と呼ばれるものです。会社の経営状態を把握するものです。

不動産投資における財務三表はそれぞれ、次の事柄を把握することができます（図表6）。

・収支計算書（CF）↓キャッシュ（現金）の出入りと手残り
・損益計算書（P／L）↓利益／損失の計算、税金の把握
・バランスシート（資産残高表　B／S）↓財産（資産／負債／純資産）の状態

そして、財務三表から見た「専業レベル」とは、毎月のキャッシュフロー（CF）から、

図表6　財務三表は連動している

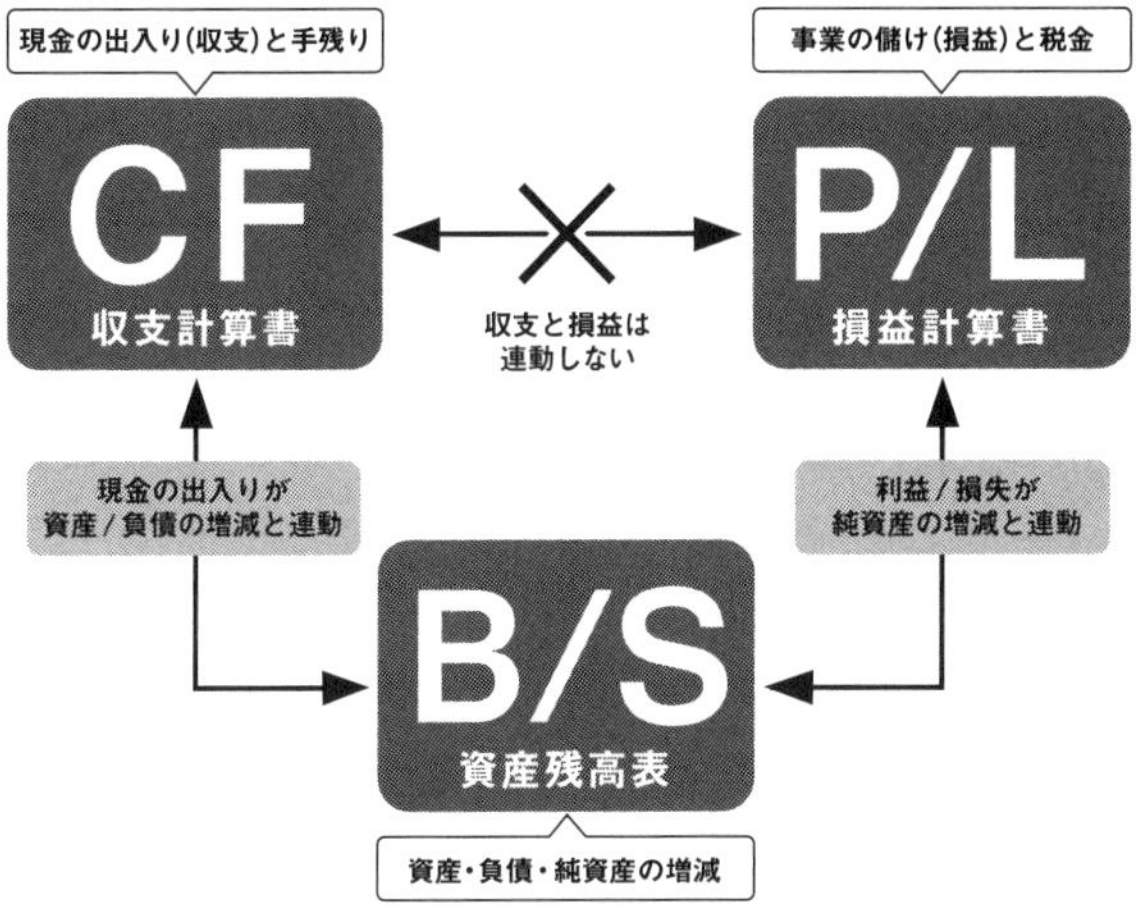

自分に十分な給与を支払えるレベルを指します。

ちなみに、私はセミナーなどで「どのくらいのキャッシュフローを目指すのか」とお聞きすることがありますが、みなさんは大体、本業の年収分、給与所得分くらいは欲しいと言います。

では、「自分に十分な給与を払えるくらいのキャッシュフロー」とは、どのようなレベルを指すのでしょうか。

家賃収入からではなく、税引後のキャッシュから支払う給与ですから、財務三表の損益計算書（P／L）も重視していく必要があります。

バランスシート（B／S）も債務超過で

はなく、資産の方が増えていく状態に持っていきます。これができて初めて、自分に給与を払える状況になるのです。

POINT

・不動産投資で成功したかったら、ゴールは「専業レベル」に設定しよう。
「専業レベル」とは、不動産投資を事業単位として存続できる状態。
・「専業レベル」を財務三表で定義すると、毎月のキャッシュフロー（CF）から自分に十分な給与を支払えるレベルを意味する。

03

何棟買えば、給料1000万円になるのか?

自分に給与を払えるレベルとは?

図表7のページの棒グラフを見てください。左が家賃収入、右が支出です。前提条件として、年間の家賃収入が7000万円のときに、支出に占める返済比率が55%だった場合を仮定しています。

家賃収入の55%を返済し、空室ロス5%と運営経費15%を差し引くと、税引前のキャッシュフローは1750万円になります。

しかし、この1750万円をまるまる給与にしてはいけません。すべて給与に使ってしまえば利益は0円になり、バランスシートが悪くなって銀行からよく思われないからです。

ここでは「積み立て」、つまり内部留保を貯めて、次の物件に投資できるようにすることが大切です。積み立ての額は、総収入の1割くらいが理想的です。家賃収入が７０００万円ですから1割の積み立ては７００万円、そうすると、給与として使える残額は約１０００万円となります。

つまり、借入の返済比率が55％の計算で収支を作った場合は、家賃年収が７０００万円くらいあって初めて、１０００万円の給与がもらえることになるのです。

事業規模が違っても同じ給与が取れる

ちなみに、物件の規模は違っても、給与を同じ水準にすることは可能です。

そもそも、キャッシュフローと物件の規模は、必ずしも比例しません。それよりも利回り、つまり収入を増やすか、返済比率を下げることによって、キャッシュフローの厚さが決まるのです。

それをまとめたのが、図表8のグラフです。

左は図表7のグラフと同じもの、右は利回り8・5％の物件を購入し、年間家賃収入が5

図表7　グラフ①　キャッシュフロー＝給料ではありません

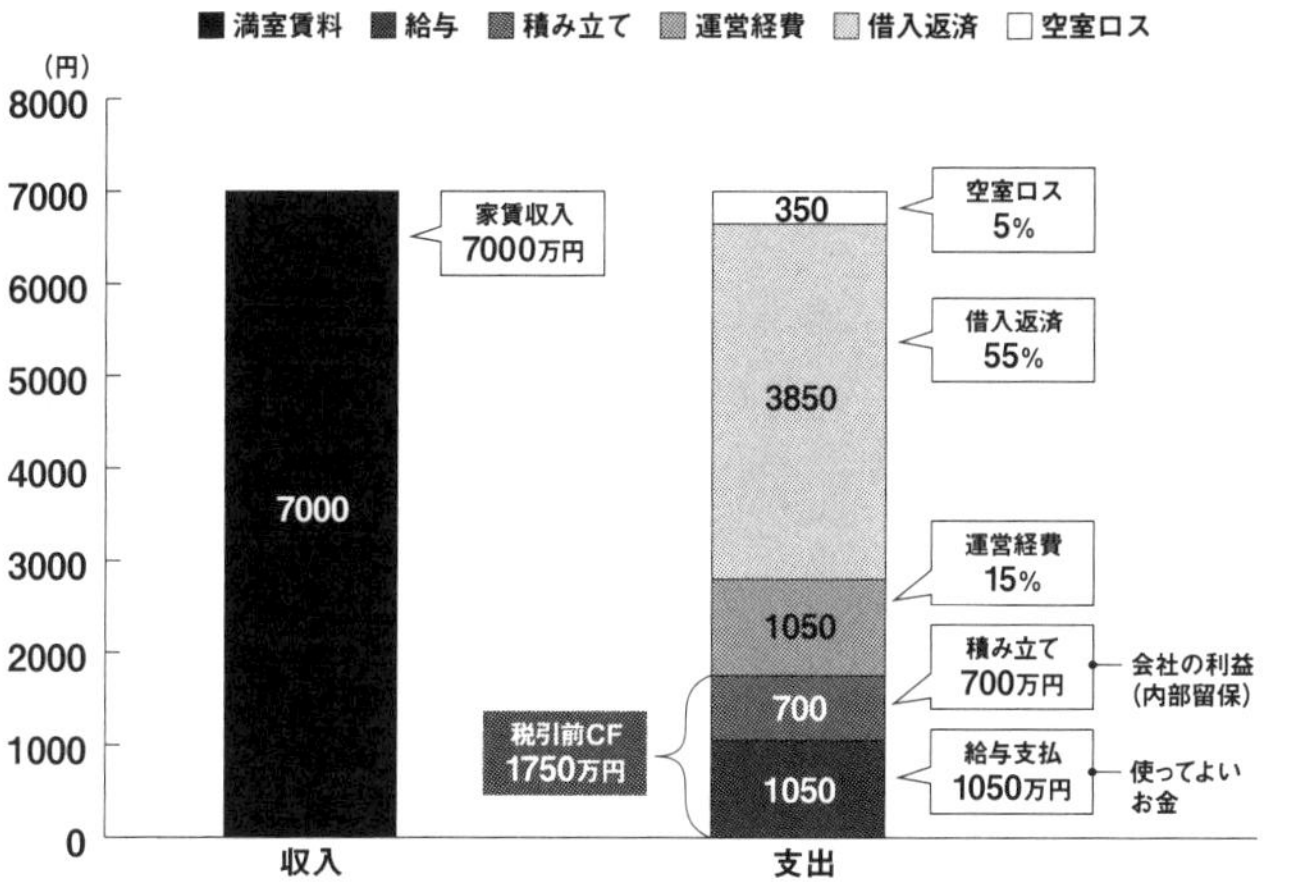

図表8　グラフ②　規模が違っても給料は同じ

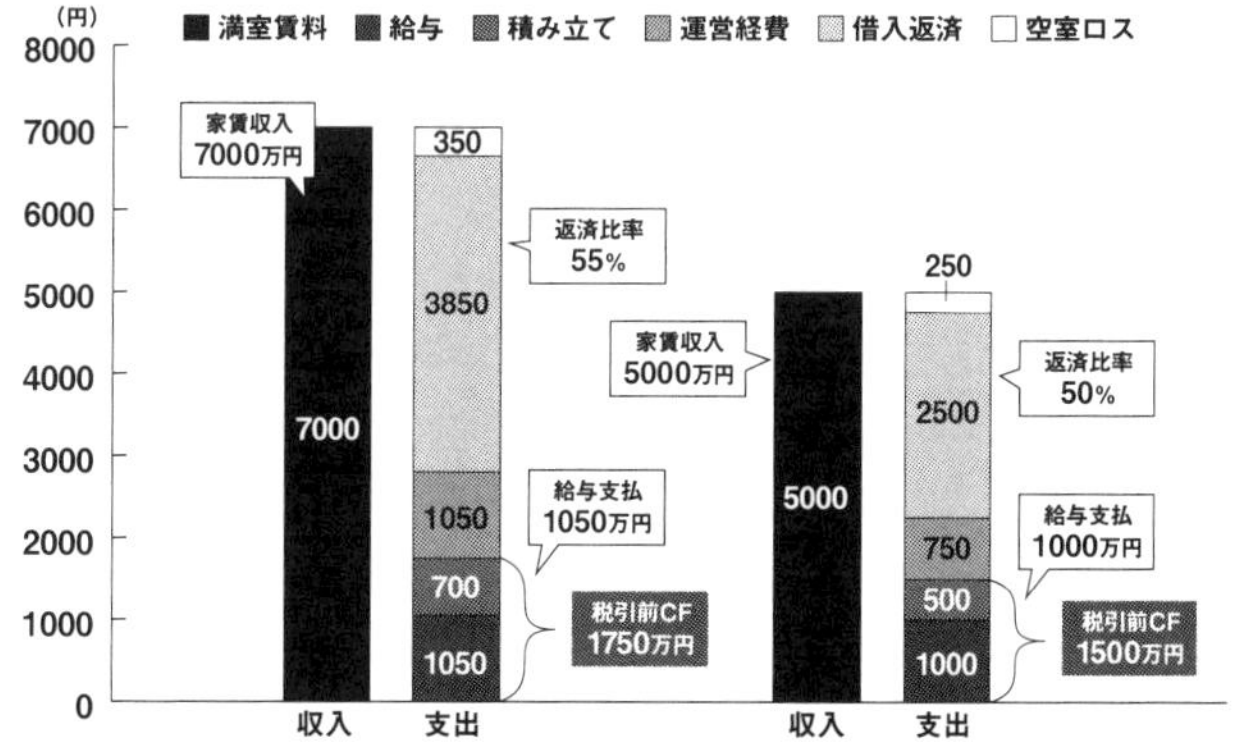

どちらも給与1000万円程度。
家賃収入と返済比率で使えるお金が決まる

000万円、返済比率が50%になったものです。

両方を比べると、年間家賃収入が2000万円も低いのに、利回りの違いだけで返済比率が変わり、同じ額の給与を支払うことができていることがわかります。

ちなみに、満室賃料が5000万円というのは、投資物件が約6億2000万円くらいになり、初めて給与1000万円ぐらいがもらえる規模と言えます。

続いて、返済比率を高めの60%として、家賃収入が異なった場合に給与がどうなるかを見てみましょう（図表9）。

キャッシュフローの1割を積み立てるとすると、給与に充てられる手残りは、たとえ家賃収入が9000万円あっても900万円に過ぎません。家賃収入が5000万円だと、500万円しか給与がもらえない計算です。

しかも、これらは税引前の計算ですので、税金を払えば、金額はさらに減ることになります。

次に示すのは、返済比率を50%にすることで、給与に充てられる手残りは倍になる、とい

図表9　グラフ③　返済比率が高いほどゴールは遠い

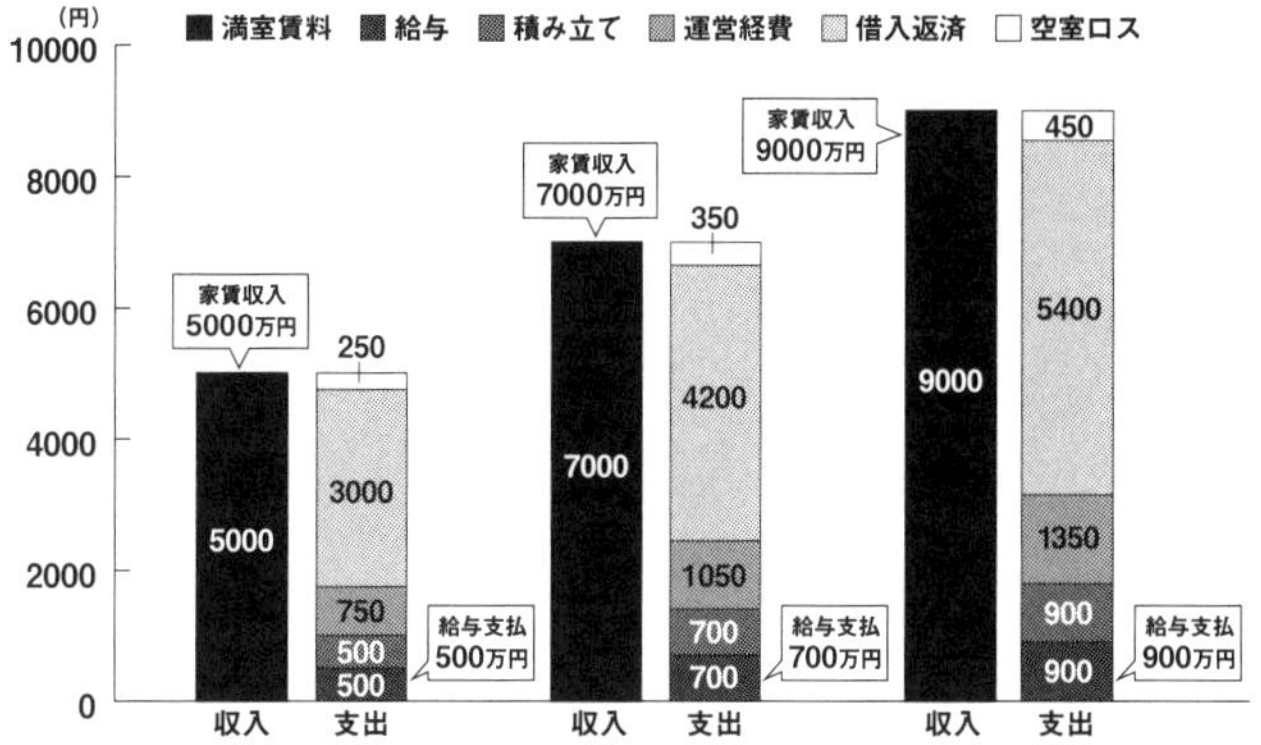

返済比率60%の場合、給与支払いは家賃収入の10%

図表10　グラフ④　返済比率が低いほどゴールは近い

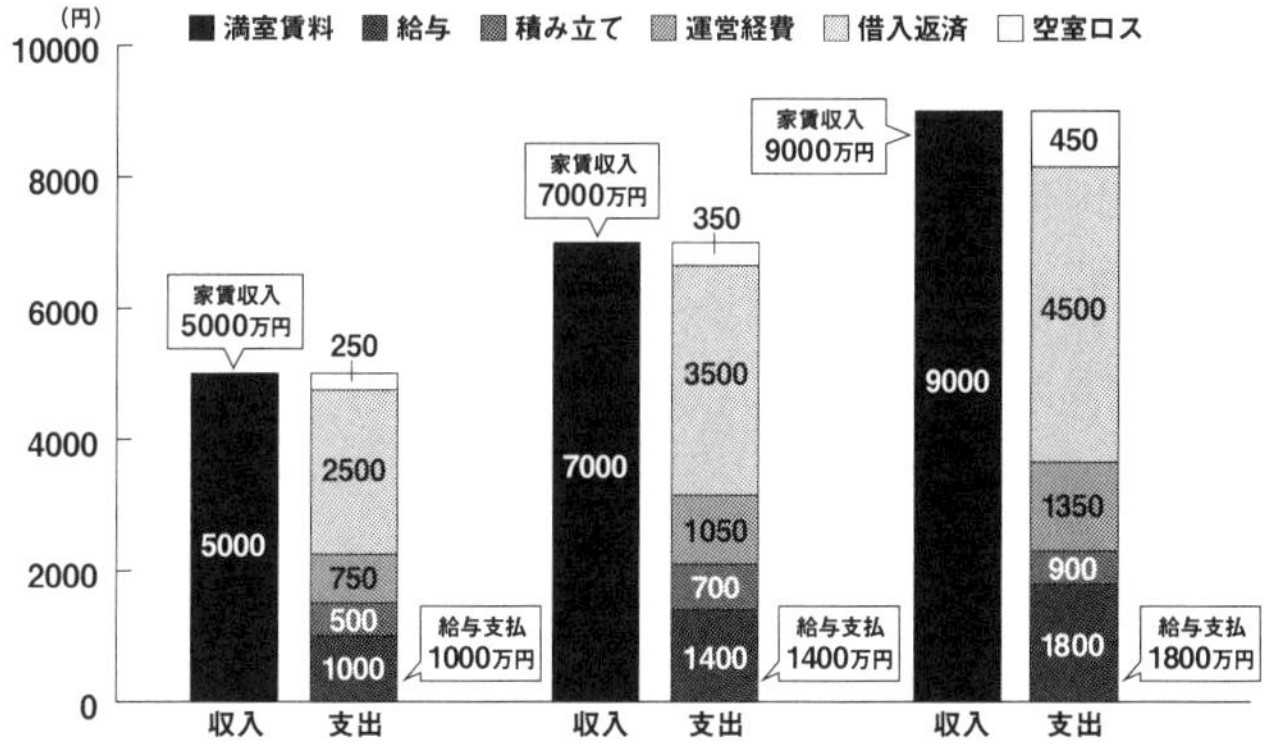

返済比率50%の場合、給与支払いは家賃収入の20%

うことがわかるグラフです（図表10）。

返済比率が10％下がるだけで給与が2倍になっています。返済比率の重要性がわかるでしょう。

言うまでもなく、返済比率は低いに越したことはありません。しかし、フルローンやオーバーローンで融資を引くとどうしても高止まりになります。ですから、利回りの改善とともに、自己資金で頭金を投入することが、専業レベルに近づくには欠かせないのです。

「専業レベル」という目的を立て、「年間給与1０００万円」というゴールを目指すのであれば、返済比率はやはり50％を切りたいところです。50％を切っているとキャッシュも貯まり、財務上も健全になります。

多くのサラリーマン大家さんが、「不動産賃貸業で年1０００万円くらいの給料が欲しい場合、どのくらいの規模にすればいいですか？」と私に質問します。

一つの目安として、「年間家賃収入7０００万円を維持し、返済比率を50％に抑えて、手残りを1４００万円くらいにする」というのが、税引後の年間給与1０００万円を保てるレベルと言えるでしょう。

しかし、返済比率50%を実現するハードルは高く、言うほど簡単ではないのもまた事実です。そこに至るには、強いマインドと圧倒的な行動量が必要と言えます。

POINT

・自分に給料1000万円を払える不動産投資とは、借入の返済比率55%で家賃年収7000万円くらいが必要なレベルである。
・返済比率を10%下げるだけで家賃収入における給与支払いを2倍に増やすことができる。返済比率を下げることを心がけよう。

04

家賃収入と返済比率の両面で考える

家賃収入アップと返済比率ダウン

「専業レベル」として年間給与1000万円を維持していくためには、「物件を増やして家賃収入を上げると同時に、返済比率を下げてキャッシュフローを確保することが重要」というゴールが見えました。

では、そのゴールを実現するためには具体的に何をすべきかを考えてみましょう。

最初に手がけることは、家賃収入のアップです。家賃収入を上げることは、物件の数を増やす、安く購入する、または家賃を値上げすることで実現します。

図表11　自己資金と返済比率

オーバーローン、フルローン、頭金１割とした場合の返済比率の違い
（金利2.0%、返済期間30年の場合）

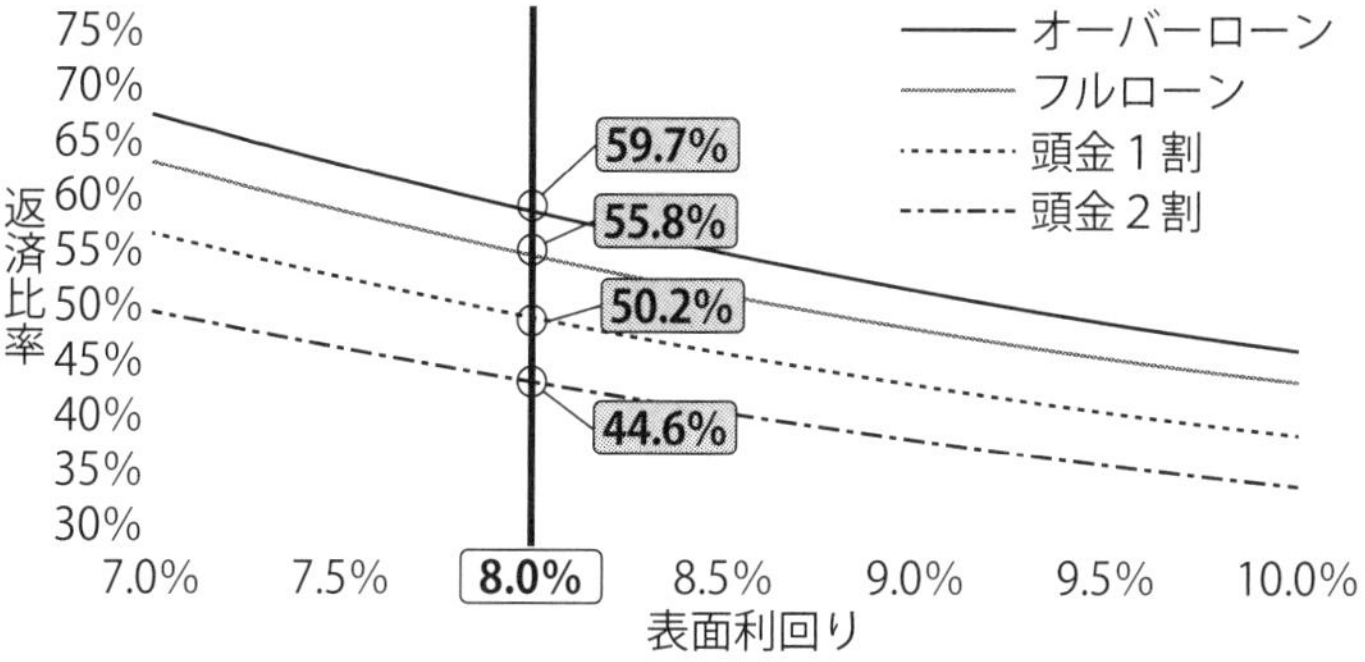

自己資金を入れるほど返済比率が下がる。
表面利回り８％の場合、オーバーローンと頭金１割とで10%程度の差。

そのためにはまず、法人を設立してバランスシートを良好に保ち、高積算の割安物件を自己資金を入れて売買し、キャッシュフローを貯めることが重要です。

次に、返済比率を下げるには、どうしたらいいかを考えます。

返済比率は、借入の金額を減らし、借り換えなどで金利を下げ、融資期間を長くとることで、大きく下がります。

銀行が理想とするのは、「頭金２割プラス諸費用ぐらいを自己資金で投入する」ことです。逆に、今主流のフルローンやオーバーローンでは、返済比率が高止まりになるので要注意です。

図表11のグラフは、自己資金を入れるのと入れないのとでは、返済比率にどれくらいの差が出るかを示したものです。

オーバーローン、フルローン、頭金1割、頭金2割、それぞれの返済比率の違いが、よくわかると思います。

表面利回り8％の場合、返済比率はオーバーローンと頭金2割で約15％の差が出ます。頭金を1割入れると返済比率は50％なので、この辺りが妥当なラインと言えます。

◆「オーバーローンでリタイア！」は遠い道のり

次に、給与1000万円を達成するには、どの程度の資産規模を狙えばいいのかを考えてみましょう。

図表12は、1棟・1億円で利回り8％のRCマンションを金利2％・期間30年でローンを引いた場合、「給与1000万円を達成するには何棟買えばいいのか？」について、ローンの種類別にその結果を示したものです。

オーバーローンの場合は13棟・13億円でやっとゴールという、すごい規模になります。た

図表12　給与1,000万円達成に必要な事業規模(1)

１棟１億円で利回り８%のRCマンションを金利２%・期間30年でローンで購入した場合

	ゴール	購入総額	自己資金総額
オーバーローン	13棟	13億円	ゼロ
フルローン	９棟	９億円	6300万円
頭金１割	７棟	７億円	1億1900万円
頭金２割	５棟	５億円	1億3500万円

とえ融資が無事引けたとしても、オーバーローンでは13棟も必要なのです。

次に、フルローンで諸費用６３００万円を自己資金で払った場合は、９棟・９億円がゴールです。

頭金１割を入れれば７棟、頭金２割を入れれば５棟ぐらいで、年間１０００万円の給与が得られます（頭金を２割入れて５棟・５億円で買った場合は、自己資金が１億３５００万円も必要になるため、初心者には現実的ではありませんが）。

メガ大家と呼ばれる有名投資家が、「物件をたくさん購入し、総額何十億円もの規模でオーバーローンを組んだ」とブログなどで喧伝していますが、実際のところ、13

棟・13億円の物件を持っていても年収は1000万円くらい、という程度なのです。

◆金利を下げろ!

銀行によって利率は変わりますが、一般的にはやはりメガバンクが一番低金利です。次に地方銀行、信用金庫、その他と形態が変わるごとに、金利が上がっていきます。金利が上がれば、当然返済比率も上がります。金利は低いに越したことはありません。

「返済比率を50%にするには、どの程度の金利と利回りで物件を買えばいいか?」というシミュレーションを見ていきます。

最初は、オーバーローンで物件を購入した場合のグラフです（図表13）。

金利0・5%で借り入れができる方は、オーバーローンだとしても利回り7・7%以上の物件を買えば、返済比率は50%以内に収まります。

しかし、オーバーローンを金利2%で借り入れた場合は、利回り9・5%以上の物件でなければ返済比率を50%にできません。残念ながら、現在の都市部で利回り9・5%の物件は

図表13　シミュレーション❶（オーバーローンの場合）

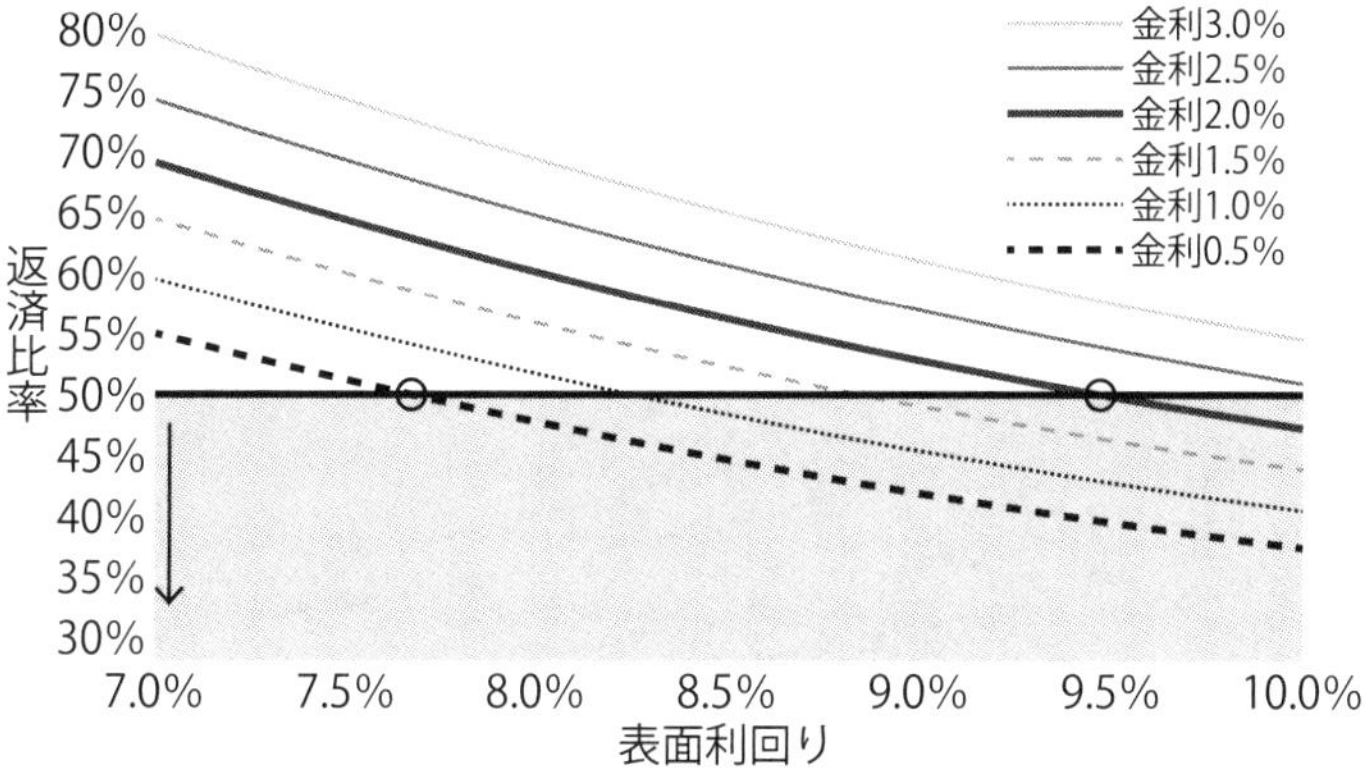

金利0.5%の人は利回り7.7%以上、金利2.0%の人は利回り9.5%以上。

※返済期間30年と想定

ありませんから、返済比率50％を目指すのであれば、オーバーローンの金利2％は無理ということになります。

反対に、頭金2割を入れた場合のグラフです（図表14）。

金利0・5％で借りられるなら、利回りは4％でも回るので、東京都心のど真ん中でも物件が買えるイメージです。金利が2％だと利回り7・3％くらいで返済比率が50％です。

2017年現在、優遇されている方であれば、メガバンクは金利0・5〜0・8％くらいで借り入れが可能なため、頭金がある程度用意できる方は、都内の物件を買うこ

図表14　シミュレーション❷（頭金２割の場合）

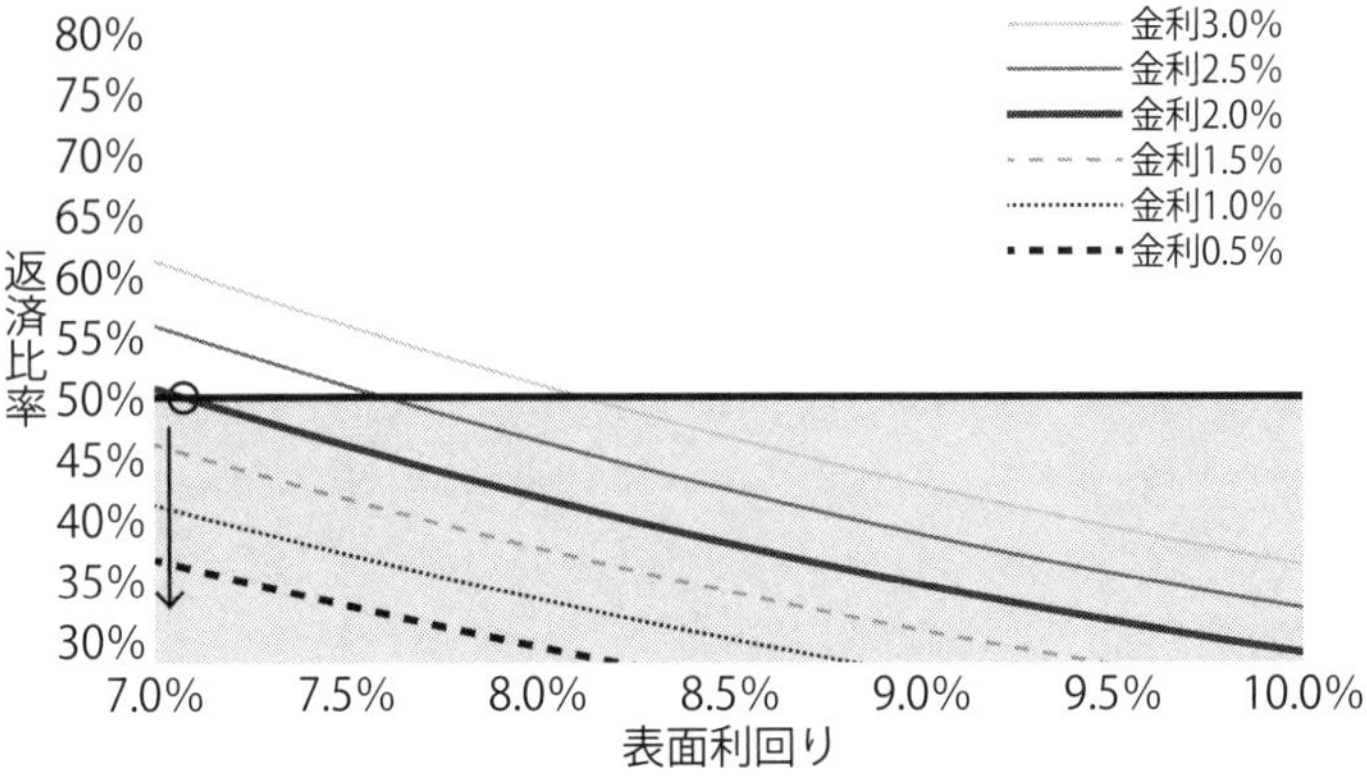

金利2.0%でも利回り7.3%以上でOK

※返済期間30年と想定

図表15　給与1,000万円達成に必要な事業規模（２）

１棟１億円で利回り８%のRCマンションを金利１%・期間30年でローンで購入した場合

	ゴール	購入総額	自己資金総額
オーバーローン	７棟	７億円	ゼロ
フルローン	６棟	６億円	4200万円
頭金１割	５棟	５億円	8500万円
頭金２割	４棟	４億円	1億8000万円

とができます。

先ほど、金利2％でそれぞれのローンごとに、「1棟・1億円、表面利回り8％のRCマンションを何棟買えば、給与1000万円を確保できるのか？」というシミュレーションを示しました。

もし金利が1％だった場合は、オーバーローンでも7棟・7億円で達成することができます。さらに頭金1割を入れられる方は、5棟・5億円。2割入れられる方は4棟・4億円になりました（図表15）。つまり、金利1％で融資が組める方は、給与1000万円というゴールがぐっと近くなるのです。

とはいえ、ゼロから不動産投資を始める方が、最初から頭金2割（5棟・5億円なら1億円）も投入するのは現実的ではないでしょう。

実際には、「低金利のローンを組みながら物件の賃貸と売買を繰り返し、徐々に自己資金を貯めて、次の物件の頭金に投入していく」というイメージを持ち、実践していくことがそのルートとなります。

◆ローンの返済期間を延ばせ！

最後は、ローンの返済期間を延ばして返済比率を下げる方法を見ていきましょう。

融資期間が延びれば年間の返済額が減り、あわせて返済比率も下がります。残債がなかなか減らないというデメリットはありますが、毎月のキャッシュフローは融資期間が長いほど有利になります。

銀行の融資審査等では、これまで木造は22年、鉄骨造が34年で使えなくなって価値が0になる、と扱われていました。しかし、考えてみれば、たとえ木造でも22年でまったく住めなくなるというのはおかしな話です。

そこで現在は、不動産鑑定士などから鑑定評価が出ていれば、ローンの融資期間を延ばす方向に変わってきているのです。

物件のエリアによっても銀行の評価は変わります。

東京都心などでは、多少築年数が古くても期間延長するケースが多いものの、23区から外れた物件になると、従来の法定耐用年数で見られることが増えます。

最後は、融資担当者と交渉することです。

現在借りている銀行に直接交渉することはもちろん、他行への借り換えも視野に入れて相談してみましょう。

ただし、地銀からメガバンクに借り換えを検討するような場合は注意が必要です。他行で長期間の融資を受けていても、メガバンクでは耐用年数を法定基準に戻されて資産価値がゼロになり、債務超過の状態にされてしまう恐れがあるためです。

POINT

- **返済比率は、借入の金額を減らし、借り換えなどで金利を下げ、融資期間を長くとることで大きく下げることができる。**
- **初心者の場合、「低金利のローンを組みながら物件の賃貸と売却を繰り返し、自己資金を増やして、次の物件の頭金に投入」が現実的である。**

05

銀行融資を引き続けるためのバランスシート構築法

優良な財務が拡大戦略を左右する

財務三表のうち、融資を受けるために最も重要な計算書が、バランスシートです。銀行の融資審査においては、返済能力として事業主の本業の収入や資産背景などの属性を加味します。しかし2棟目、3棟目と買い進めるうちに返済余力を使い切り、早々に頭打ちになります。セミプロとして「専業レベル」を目指すのであれば、バランスシートを良好に保ち、「継続的に融資を引き続ける状態」を作り出すことが大切です。

バランスシートは、たとえば決算期の末日など、一定時点における事業の財政状態を表し

図表16　バランスシート

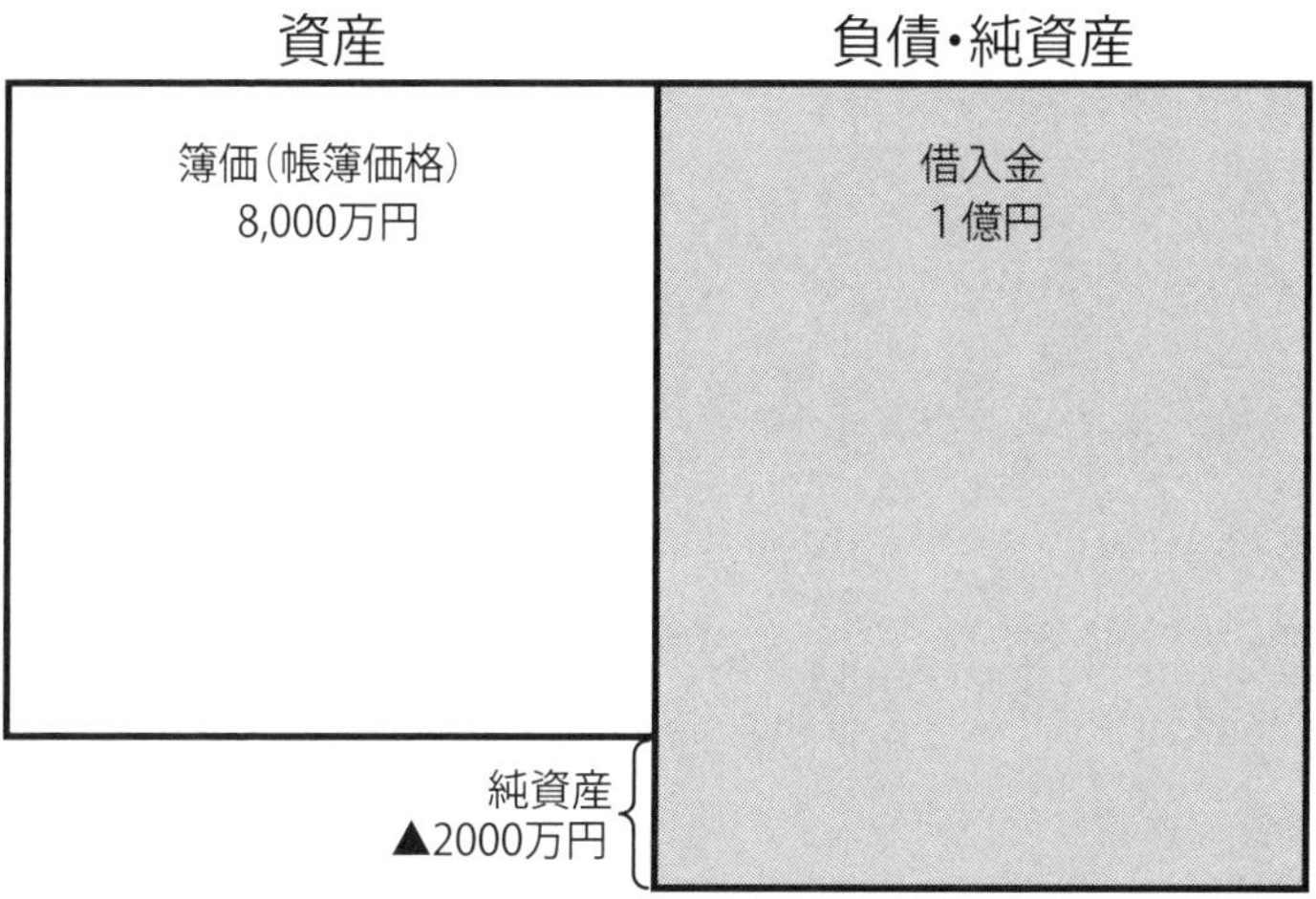

ており、「資産」と「負債」を対照的に明示することで、その事業の経営状態を判断することができる計算書です。

　バランスシートを簡単に表したものが、図表16です。

　少し極端な例ですが、地方でRC1棟マンションの物件を、オーバーローンで買った場合のバランスシートとします。

　シートの左側（貸方）には「資産」を記入します。不動産投資では主に、保有物件の簿価（帳簿価格）や現金残高などがここに入ります。そして、シートの右側（借方）には「負債」と「純資産」、不動産投資では主に借入金などを記入します。

　このバランスシートの場合、８０００万

円の物件を購入し、リフォームや諸費用を含めた1億円のオーバーローンを組むと、購入直後にもかかわらず、すでに2000万円のマイナス純資産、つまり債務超過になっていることがわかります。

現在の不動産投資ブームでは、銀行からフルローンやオーバーローンを引き出す手法が脚光を浴びる反面、その危険性はあまり語られていないのが実情です。

年収の高い個人であれば節税対策などの理由で、このような債務超過状態にすることも多少は許されますが、法人でこのような状況であれば、どこからもお金を借りることができなくなります。

◆バランスシートで企業価値がわかる!

バランスシートは、「資産」「負債」のどちらかが減ると、「純資産」が増えたり減ったりすることで、左右のバランスを取る、つまり左右どちらも必ず同じ額になるよう作られています。

「負債」が「資産」よりも早く減れば、相対的に「純資産」が拡大します。逆に、「資産」

が「負債」よりも早く減ってしまえば、「純資産」のマイナスとなり、先ほどのバランスシートのように債務超過になります。つまり、このバランスシートとは、その事業がうまく行っているかという、経営の状態を把握するための重要なツールと言えるでしょう。

先ほどのバランスシートを見ると、「資産」欄には購入したときの簿価、つまり売買価格の８０００万円が計上されていましたが、ここから減価償却が毎年一定の割合で減っていきます。反対に、「負債・純資産」の欄にある1億円の借入も、毎年返済することで元金が減っていきます。

ここで重要なのが、「資産」と「負債」の減るスピードは、物件によってまちまちであり、なおかつ「どちらも、同じスピードで減るわけではない」という点です。そして、この減るスピードはどちらが速いかによって、今後の経営を大きく左右することになるのです。

では次に、年数が経つことで、バランスシートがどのように変化していくのか、２つの例を使って見ていきましょう（図表17）。

◆良いバランスシート、悪いバランスシート

まずは、上が良いバランスシートの例です。物件を購入した当初は、オーバーローンの融資だったために、1000万円の純資産マイナス、つまり債務超過でした。

しかし、毎年の返済額が減価償却の額を上回っていたため、年々その差は縮まり、現在では、簿価と純資産はイコール、つまり「債務なし」という状態になっています。

このまま物件を持ち続け、返済が進んで負債が減れば、より純資産が拡大して、良好なバランスシートを維持することができます。

一方、下が悪いバランスシートの例です。地方の中古RCフルローン物件などが典型例で、土地の割合が低く、減価償却のスピードが速いパターンです。

減価償却によって簿価が2000万円減ったにもかかわらず、返済が1000万円しか進んでいません。この場合では、もともと4000万円の債務超過であった上に、さらに返済が進まない状況では、純資産のマイナスがどんどん拡大するという、非常に危険な状態であることを示しています。

図表17　良いバランスシートと悪いバランスシート

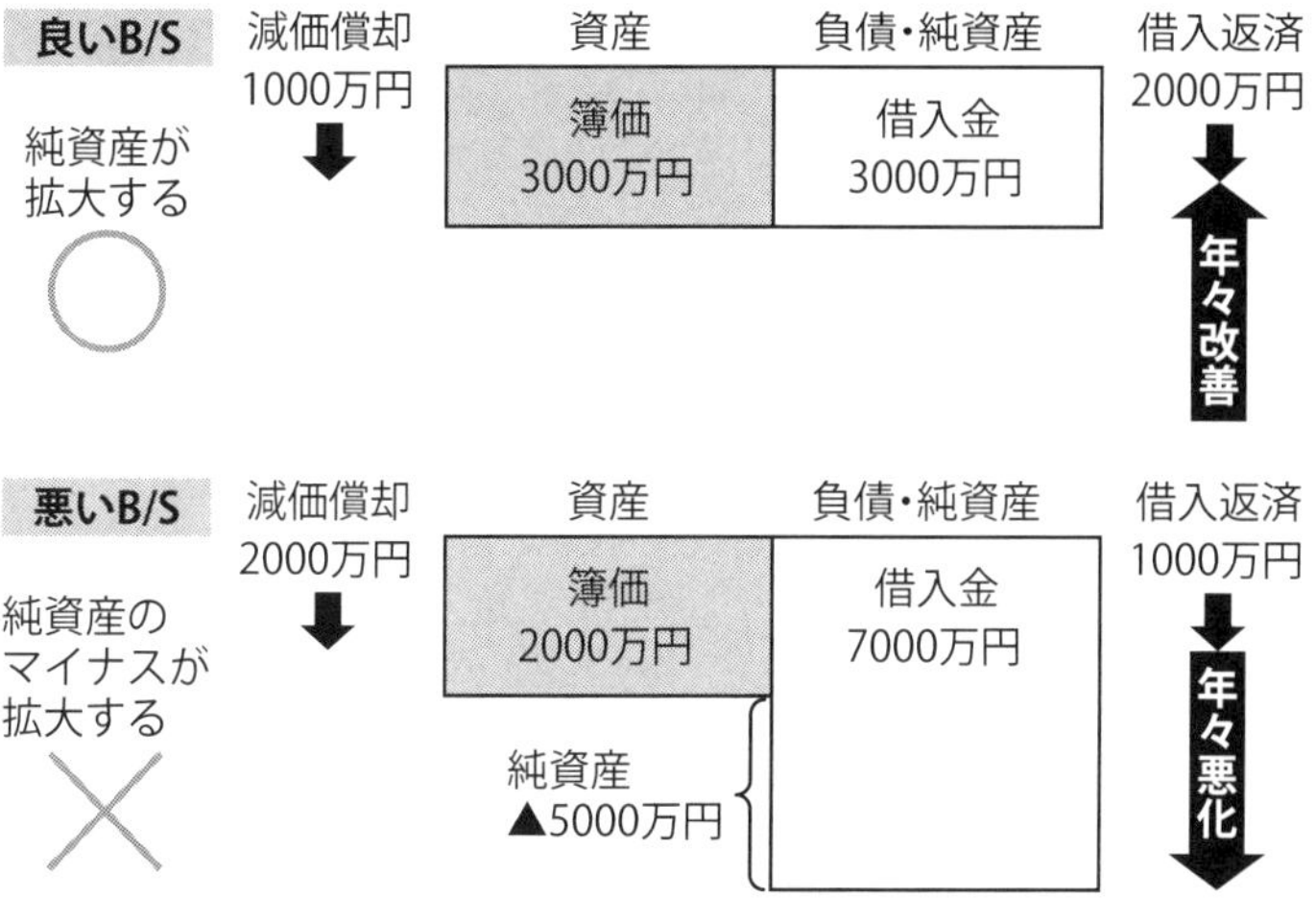

このような債務超過のスパイラルに陥ると、物件を保有し続けているだけでどんどん経営が悪化していきます。

物件をうまく売却するなどして、振り出しに戻せればいいのですが、そうそう高く売れるものではありません。もし焦って売却し、安く買い叩かれるようなことがあれば、残債と税金だけが残ってしまうとも限らないのです。

◆銀行はバランスシートを引き直す

銀行は、融資を決める上でバランスシートを重視しますが、法人の融資では、純資産がプラスになっていることが大前提です。純資産がマイナスの債務超過では、基本的に融資を受け付けません。

融資の可否を判断するまでのフローは、次のとおりです（図表18）。

銀行は、融資を申し込んできた事業主から、決算書／確定申告を預かった上で、先ほどのバランスシートを新たに作ります。次に、バランスシート上の簿価を、銀行が独自に評価し直していきます。

実は、事業主が作成したバランスシートの簿価を、銀行はあまり信用していません。事業主が8000万円で購入し、バランスシートに8000万円と記帳していても、実勢価格は5000万円だった、という場合があるからです。

評価法は銀行によって異なりますが、主に図表19に挙げた4つの評価法のいずれかを使用して資産の評価替えを行い、新たに「銀行目線」のバランスシートに書き直した上で、債務

図表18　銀行の融資可否判断のフロー

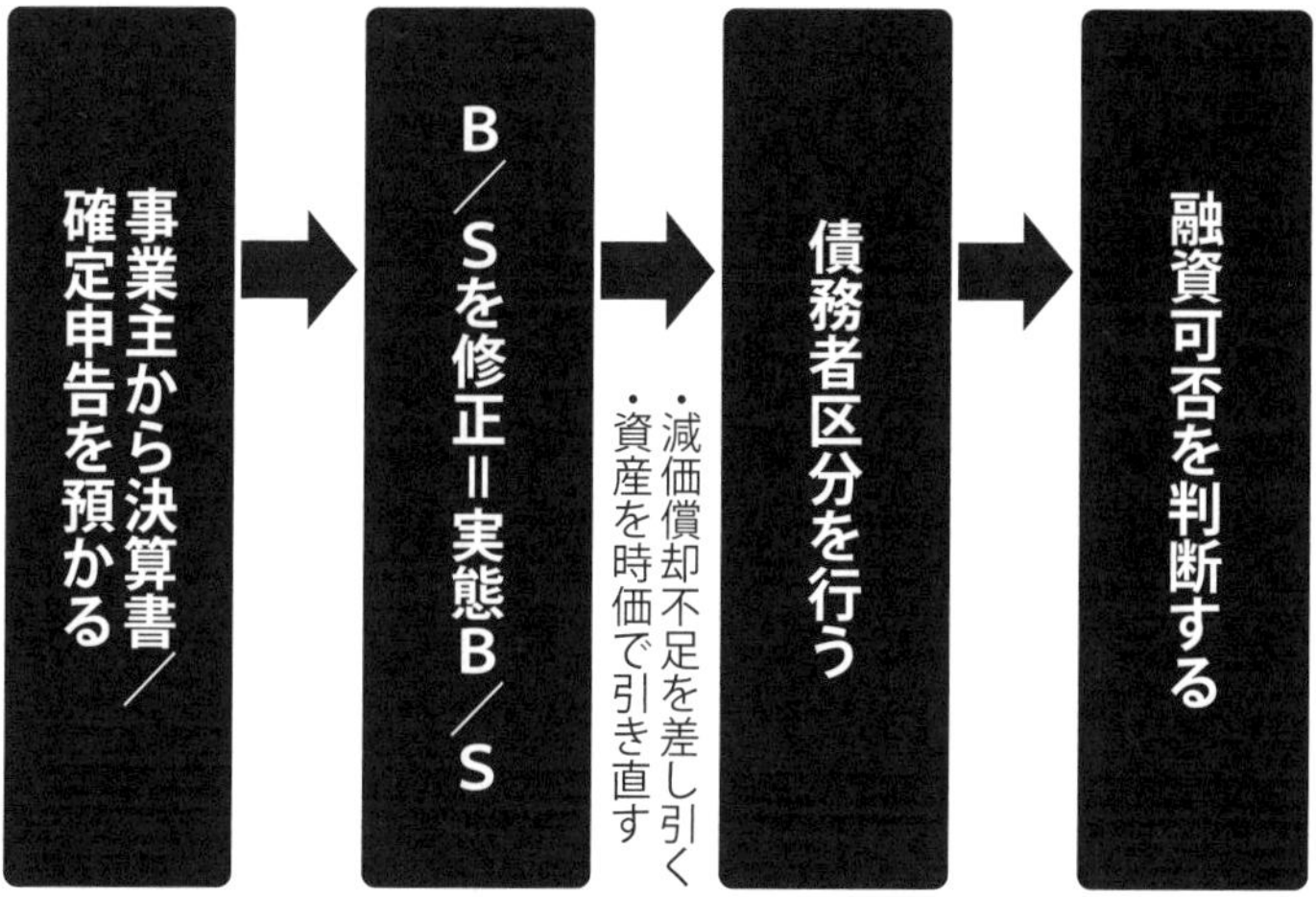
事業主から決算書／確定申告を預かる
B／Sを修正＝実態B／S
・減価償却不足を差し引く
・資産を時価で引き直す
債務者区分を行う
融資可否を判断する

図表19　銀行が用いる資産評価方法

❶原価法

再調達原価をもとに、減価補正を行って評価する方法

❷収益還元法

不動産の収益性に着目して、その不動産から将来得られるべき価値を現在価値に割引して評価する方法

❸取引事例比較法

対象不動産と条件が近い物件の取引事例を多く収集し、いくつかの事例を選択し、取引価格の事例から必要に応じて対象物件の事情補正や時点修正を行い、地域要因や個別的要因を含め比較評価する方法

❹各手法のミックス

者区分を行います。

債務者区分の前段階で、先ほどのような債務超過であれば、銀行は「実質破たん先」という判定を下し、融資は認められないということになります。逆に、純資産をプラスの状態に持っていくことができれば、融資の決定はほぼ確実、と言えるのです。

POINT

・不動産投資では、「財務三表」の理解が不可欠。財務三表を理解できれば、経営者感覚で様々な判断が可能になる！
・銀行も財務三表を重視する。「良いバランスシート」を作って、有利な融資条件を引き出そう！

第4章

売買でキャッシュを作る黄金の不動産投資

01 「安く買って高く売る」の繰り返しで、純資産拡大！

資産＞負債を意識して買え！

ここまで、バランスシートとはどういったものか、そして銀行はこのバランスシートをどう見ているのかについて述べました。では、実際にどうしたら、良好なバランスシートを構築し、融資を引き続けることができるのでしょうか。

第一に、物件を購入する際に、「相場より安く買う」ことを徹底することです。

物件を相場より安く買えれば、銀行がバランスシートの評価替えをしたときに、帳簿上の簿価よりも多くの純資産、つまり「含み益」を持っていることになり、返済が進めば比較的早い段階で、純資産がプラスの状態に持っていけることになります。

次に、値下がりしない「資産価値の高い物件を買う」ことです。

都市部の物件は、土地値が厚いために資産価値が下がりにくく、返済が進めば「安く買う」のと同様、早い段階で純資産がプラスになる可能性が高いと言えます。

その反面、地方の中古RCフルローン物件などは、もともと土地の値段が安いため、結果的に建物の比率が高くなります。そうすると、建物分の減価償却率が高いため、資産の「簿価」がどんどん減少し、返済よりも速いスピードでマイナスの純資産が増えてしまいます。

減価償却が大きいと節税効果も高く、キャッシュフローが残りやすいというメリットはありますが、銀行融資の面では、いつまで経っても債務超過状態を抜けることができず、次の融資を引くことが難しくなってしまいます。

物件を「安く買って高く売る」ことを5年ほどの短期で繰り返すことで、キャッシュが順調に貯まります。そのキャッシュを、次の物件購入のための頭金に投入するのです。

頭金が入れば、「負債」となる借り入れを減らすことができ、購入当初の段階から、純資産がプラスのバランスシートを作ることが可能になります。

自己資金を入れれば、毎月の返済額が減るためにキャッシュフローが改善し、純資産がプラスのバランスシートのおかげで、銀行から次の融資を引くことも容易になるというプラスのスパイラルを生むことができるのです。

不動産転売で頭金を作る!

「専業レベル」を達成するには、値下がりしない資産性の高い物件を頭金を入れて購入することが必要になります。初めから資金がある方はよいですが、そうでない場合、出発点はやはり「ゼロから自己資金を作る」ということになります。

地道に貯金をするのもよいですが、少し努力をすれば不動産を安く買って高く売ることで資金を得ることも可能です。

・割安の都市部物件を転売する
・新築木造アパートを建てて転売する
・高利回りの物件でキャッシュを貯める

という手法で得た手残りのキャッシュを次の物件に投入するというフローを繰り返すこと

で、バランスシートを良好に保ち、2000～3000万円の自己資金を作ります。

元々自己資金のある方はいきなり「専業レベル」にチャレンジしても構いませんが、自己資金がない方や余裕のない方は、まずは自己資金を作るところから始めてください。

最速の方は5年くらいで卒業できますが、通常は7～8年程度はかかるでしょう。この間はキャッシュを貯めることが最優先です。つまり、この段階では不動産からの収益に手をつけてはいけません。

売却してキャッシュを作り、それを頭金にして次を買う。そして、また売却してキャッシュを作る……とするうちに、純資産が増えていきます。はじめはフルローン、オーバーローンだったのが、次第に1割2割と頭金を入れて借入の割合を減らしていくわけです。規模も次第に拡大していくことになりますが、基本的にやることは「安く買って」「高く売り」「高稼働で運営する」ことを繰り返すだけです。

しかし、どのステージにおいても重要なルールがあります。それは、財務三表、特にバランスシート（B／S）を重視することです。

・債務超過にならないように物件を購入し、
・キャッシュフローから自己資金を貯め、
・貯めた自己資金を次の物件に投入して、
・バランスシートをどんどん改善していく

つまり、銀行が融資したがる「バランスシートの優良な法人」を作るには、初期の段階から財務三表の知識が必須になるのです。

不動産投資にとって、銀行は切っても切れない関係にあります。「銀行を味方につけるためにはどういった財務状況になればいいのか？」ということを常に財務三表で意識しながら、最終ゴールに向かっていってください。

POINT

・良好なバランスシートは、「物件を相場より安く買う」「資産価値の高い物件を買う」ことで構築することができる。
・銀行が融資したがる「バランスシートの優良な法人」を作るために、投資の初期の段階から財務三表を意識しよう。

02

業者並みの利益を確定！新築アパート投資の極意

売却でキャッシュを作る「土地から新築アパート」

セミプロ投資家として事業を拡大していくには、物件を「売って買って」という再投資サイクルが必須になると述べました。

しかし、物件を次々に購入するには資金が必要になります。そんな中、少ない資金からキャッシュを貯めて事業を拡大させる手法があります。それが「新築アパートを建てて、売却する」というやり方です。

少ない資金で始められるだけでなく、土地から買って新築アパートを建てることには、次のようなメリットがあります。

①再現性が高い

中古物件のアパートやマンションを安く仕入れて高く売る場合、投資に有利な物件が入ってくるかどうかは、タイミング次第と言えます。

それに比べ、土地は物件数がはるかに多いため、有利な物件をタイミングよく仕入れることが可能です。再投資を繰り返す上で、確実に物件を仕入れて売却するためには、再現性の高さは非常にプラスと言えます。

②ライバルが少ない

土地物件は、ライバルが少ないことも大きなメリットです。中古建物の売り買いは価格の相場を把握しやすく、「今日買って明日売る」といった即転売もできます。そのため、中古建物には、多くの収益不動産会社や投資家が参入しやすいのです。

その点、土地の購入層はマイホームを建てたい人、アパートメーカーや戸建ビルダーなど、一部の人に限られており、中古建物より、有利な物件をラクに入手することが可能なのです。

また、「土地から新築」は手間がかかります。手続きが面倒な上、実際の土地に建物を建てるイメージが湧きにくいなど、中古に比べてハードルが高いため、この点でもライバルが少ないと言えます。

③業者の利益を省略できる

建売の業者が販売している新築アパートに比べ、自分で手配するアパートはコストを抑えることができます。本来、業者が価格に上乗せしていた利益を、自分の利益にすることができるため、売却した際にはその分がキャッシュとして手元に残り、再投資を安全確実に行うことにつながります。

このように、土地から買って新築アパートを建てることは、再投資サイクルを実践する上でメリットの多い手法と言えるのです。しかし、その反面、このやり方は「土地を探し」「土地を見極め」「設計士に依頼し」「融資を受ける」という各プロセスを、すべて自分で行う必要があるため、不動産投資の初心者にとっては大きなハードルとなります。
とはいえ、心配は無用です。これから、「土地から新築」を待ち構える4つのハードルと、その乗り越え方について解説していきます。

POINT

・少ない資金からキャッシュを貯めて事業を拡大させる手段として、「土地を買って新築アパートを建てて、売却する」という方法がある。
・「土地からアパート」は、再現性が高い、ライバルが少ない、業者の利益を省略できる、といったメリットがある。

03

「土地から新築」を阻む4つのハードル

土地を探す

「土地から新築」の手法では、土地がなければ何も始まりません。

まずは希望するエリアを決めた上で、大手の売買仲介会社を複数訪問し、希望に合った土地を優先して紹介してもらうよう依頼してください。

土地を高く売りたいと考える地主は、まずは大手の仲介会社に相談するケースが多いものです。そうなると、大手には必然的に多くの物件情報が集まってくることになります。

また、意外にお勧めなのは、城西や城南といった狭いエリア限定で営業展開している地場の仲介会社です。

最近では、地場の仲介会社でも積極的にネットに物件情報を出していますので、そこから会社を探して連絡し、現地で会ってみましょう。一度関係が構築できれば、地元で仕入れたばかりの未公開情報を優先的に出してもらえるかもしれません。

また、地場の仲介会社は、そのエリアに特化した営業を展開していることから、地元では意外にメジャーであることが多いものです。事前にある程度、希望エリアを絞ることができれば、大手を訪問する前に、地場の仲介会社を当たるのも有効です。

土地を見極める

希望エリアで土地が見つかったら、その土地が、「土地から新築」のプランに見合うものかどうか、買付の可否を見極めることが大切です。土地の建ぺい率や容積率から、建築可能な建坪や延べ床面積の最大値を調べるとともに、どれだけの部屋数が取れるかを見積もることで、その後の計算ができるようになります。

「土地から新築」の場合、1戸あたりの広さは6・5〜7坪、間取りは24平米前後の1K、または1LDKが最適です。2LDKのようなファミリータイプでは戸数が確保できず、年収が上がりません。

部屋数が決まれば、立地するエリアの相場から家賃がわかります。建物全体の年間家賃収入が決まれば、目標利回りで割り戻して、総予算を出すことができます。

たとえば、建物全体で年間850万円の家賃収入が見込めると判断できれば、利回り8・5％を目標にした場合、1億円がトータルの総予算になります。

850万÷0・085（8・5％）＝1億円

次に建築費用を算出します。想定する延べ床面積は「部屋数×ひと部屋あたりの坪数」で計算してください。たとえば、7坪の部屋が10戸であれば70坪です。そこに坪単価をかけることで、おおよその建築工事費用が出てきます。

つまり、総予算から建築工事費用を差し引くことで初めて、土地の仕入れ目標値を算出できます。

・部屋数はいくつ取れるか
・建築工事費用の単価はいくらか

この2つがわかれば、費用概算が可能ということです。

注意点として、どんな土地でも「土地から新築」に向いているわけではありません。たとえば、木造アパートを設計する場合は、次の条件を踏まえた上で土地を選ぶことで、コストパフォーマンスが向上することになります。

建ぺい率は60％以上、容積率は200％が理想ですが、道路付けなどで容積率に影響のある場合は、160％以上を目標にしてください。

建物の高さについては、第一種低層住宅専用地域など、用途地域によって制限がかかる場合があります。3階建て以上の中高層の建物を建築する場合は、第二種、第三種高度地区を選んでください。

また、都市部で木造を建築する場合は、準防火地域がコスト面で適しています。準防火地域より規制の厳しい防火地域では、耐火性能のある構造に限定されてしまい、建築コストが大幅に上昇するためです。

次に、再建築が可能な土地であることを確認してください。間口が2m以上接道していない再建築不可の土地は、そもそも新たに建築ができません。

最後に、平坦な土地を選んでください。土地に高低差が2m以上ある場合は擁壁の設置が必須となり、1000万円前後の追加費用が発生するケースもあります。

このように土地を選ぶ上で様々な条件はありますが、数多くの物件を調査することで選ぶ目を養い、「土地から新築」に最適な土地を見極めていきます。

設計士、建築会社を探す

最適な土地が見つかったら、次は設計士や建築会社を探します。

アパートを設計した経験のある設計士を探したい場合、「SuM·iKa」（https://sumika.me）など、建築関連の専門家を公募するインターネットサイトを利用して募集、選考するのが最も効率のよい方法です。「SuM·iKa」の他にも同様のサイトがあると思いますので、探してみてください。

ただし、サイトで「この土地にこんなアパートを建てたい」という案件を登録しても、応募してきた設計士が提案する内容は、技術や経験などによって変わるものです。

かつてあるサイトで、プロジェクトに対する提案を募集したところ、20人ほどの応募がありました。実際にお会いしたところ、「建物の中に何部屋入るか」という提案がかなりバラバラだった経験があります。集合住宅に強い設計士かどうかで、提案内容は変わるものなのです。

また、設計士によっては、「RCはもう飽きたので、鉄骨しかやらない」など、クライアントの意図を汲もうとしない方もいます。

こちらの希望に合ったプランを実現するには、応募数が多いほど有利です。「集合住宅に強い設計士」から多くの提案を集めてください。

ネットによる提案の他に、設計士へ直接設計を依頼する場合は、土地の寸法が入った販売図を仲介会社から入手するか、測量図を入手してこちらの希望内容と共に設計士に渡します。その後設計士から、建物の構造やコスト、高さ、そして何部屋入るといった概略の図面が戻ってきます。

「土地から新築」のメリットを最大限にするため、なるべく部屋数は多く取りたいものです。

中高層の建築が可能な土地であれば、鉄骨造やRC造の方が部屋数を多く確保できるのですが、その反面、木造と比較して2倍弱程度のコスト上昇になります。費用対効果を十分に検証して、採算に見合うかを判断してください。

設計が出たら、次に建築会社に見積もりを依頼します。先ほどの「SuMiKa」などを利用して、複数の建築会社から見積もりを取り、こちらの希望にマッチするものを慎重に選んでください。

都市部に1棟目を建築するのであれば、2階建までの木造アパートを、幅4m以下の接道といった、マイホーム希望者などに敬遠されがちな土地に安く建てるというのが、法的なハードルも低く、コストパフォーマンスのいい手法と言えます。

銀行を回る

部屋数が決まって物件の概要が出てきたら、次は銀行を訪問します。必要な準備の詳細は次の章で述べますが、この段階では資金計画と収支シミュレーション、事業計画の作成がまずは必要となります。

多くの銀行を回ると、銀行によって見方が全然違うことを実感します。「土地から新築」で木造アパートを建てる場合、担保評価しか見ない銀行が査定すると担保割れするため、「1億円貸してください」と頼んでも、「8000万円くらいしか評価は出ません」と言われることが多くなります。逆に、収益還元でしか評価しない銀行もあり、今まで担保割れしていた融資が「出ますよ」と査定が大きく変わることもあります。

また、銀行による違いだけでなく、最近は銀行の評価基準自体も変わってきていることを実感します。これまでの耐用年数を元に建物を評価する基準から、不動産鑑定士が出した意見書を重視するようになってきているのです。

専門家の意見から、建物の価値がどうなのか、運用コストがどれくらいかかるのかという資料が出れば、それを尊重する、というところもあります。

「銀行によって評価基準が異なる」という事実を踏まえて、書籍やネットなどで言われている融資条件や銀行評価目線を鵜呑みにせず、投資家自身で銀行を回れば、いろいろな発見が得られるはずです。

特に、すでに物件を保有している場合は、保有物件に対する銀行の評価によって、その後の融資が変わってきますので、ぜひ一度銀行へ行って確かめてみてください。

POINT

・「土地から新築」は、土地探しから始まって、土地の見極め、設計士・建築士探し、銀行回りなど、様々なハードルがある。
・「土地から新築」に対する銀行の評価基準は様々である。自分自身で銀行を回り、融資してくれるところを探そう。

04

売却か保有か、4つの物件タイプを見極めろ！

物件の特性を知る

「売却して初めて利益が確定する」とお話ししましたが、すべての物件を短期で売却すべきなのかというと、そうとは言い切れません。物件のタイプ別にその特性を知り、売却すべきタイミングを図るべきです。つまり、売るべき物件と残すべき物件の見極めを定期的にしてほしいのです。

物件の保有する目的別に４つのタイプがあります。以下、典型例と合わせて列記します。

①バランス型→都市部の中古ＲＣ造マンション

②短期インカム型→地方の中古ＲＣ造マンション
③短期キャピタル型→都市部の新築木造アパート
④節税効果型→地方の築古ＲＣ造マンション、都市部の区分マンション

４つのタイプはどんな要因によって分類されるのかというと、主に物件の購入金額（土地＋建物）に占める建物分の割合によって決まってきます。基本となる物件のスペックを１つ想定して、建物比率の設定を変えることにより、タイプ別の収支や税金をシミュレーションすることができます。

〈基本スペック〉
構造　鉄筋コンクリート（ＲＣ）造
耐用年数　30年
月家賃収入　１３３万３３３３円（下落率は5年ごとに２％）
売買代金　２億円
固定資産税　１５０万円

運営経費　家賃収入の約20％
売却価格　1年目売却利回り8％、以降毎年0・05％上昇
借入前提条件　2億円フルローン　返済30年利率2％　表面8％

このような物件があったとして、建物の構造や都市部と地方、または新築と築古といった物件の条件が違ってくると、結果的に建物比率も変わるため、売買代金2億円は同じでも特性として4つのパターンに分かれてきます。

①バランス型→建物比率65％　※この物件概要の場合
②短期インカム型→建物比率80％　※耐用年数20年
③短期キャピタル型→建物比率40％　※売却価格は変動なし
④節税効果型→建物比率80％、うち附属設備の比率30％（5年償却）

では、物件の特性をグラフ別に見ていきましょう。

ポートフォリオから見る特性の違い

①バランス型　建物比率65％→長期保有向き
（物件例）都市部の中古ＲＣ造マンション

売買代金に占める土地の割合が大きく、減価償却にともなう簿価の下がり方も緩やか。そのためデットクロス発生は25年目と、他の特性と比べて長めです。家賃相場が高いため、キャッシュフローも貯まりやすいでしょう。

土地価格が残るので売却価格も維持しやすく、キャピタルゲインも見込めます。バランス型は長期保有すべき物件と言えます（図表20）。

②短期インカム型　建物比率80％→短期転売向き
（物件例）地方の中古ＲＣ造マンション

図表20　バランス型30年間の推移

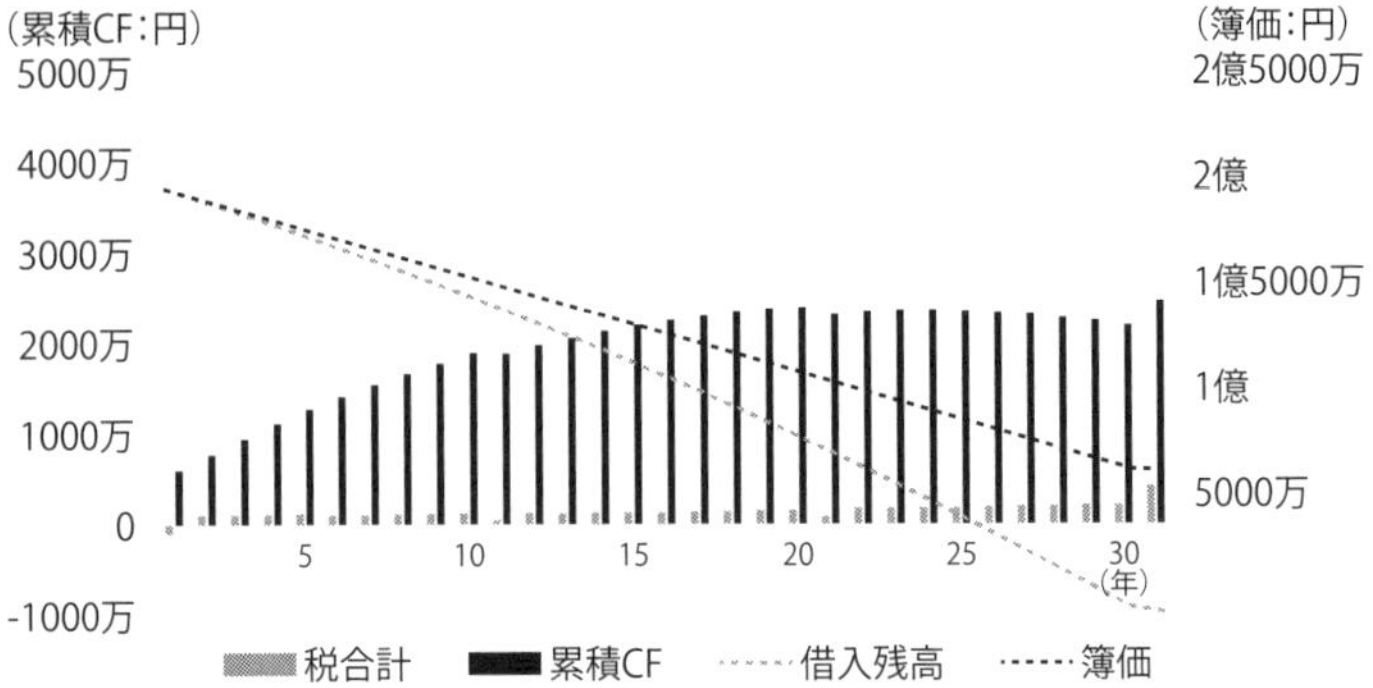

	累積CF	売却単体手残り
5年後	1259万5142円	928万8974円
15年後	2188万7739円	4700万472円
25年後	2326万6600円	9926万8703円

図表21　短期インカム型30年間の推移

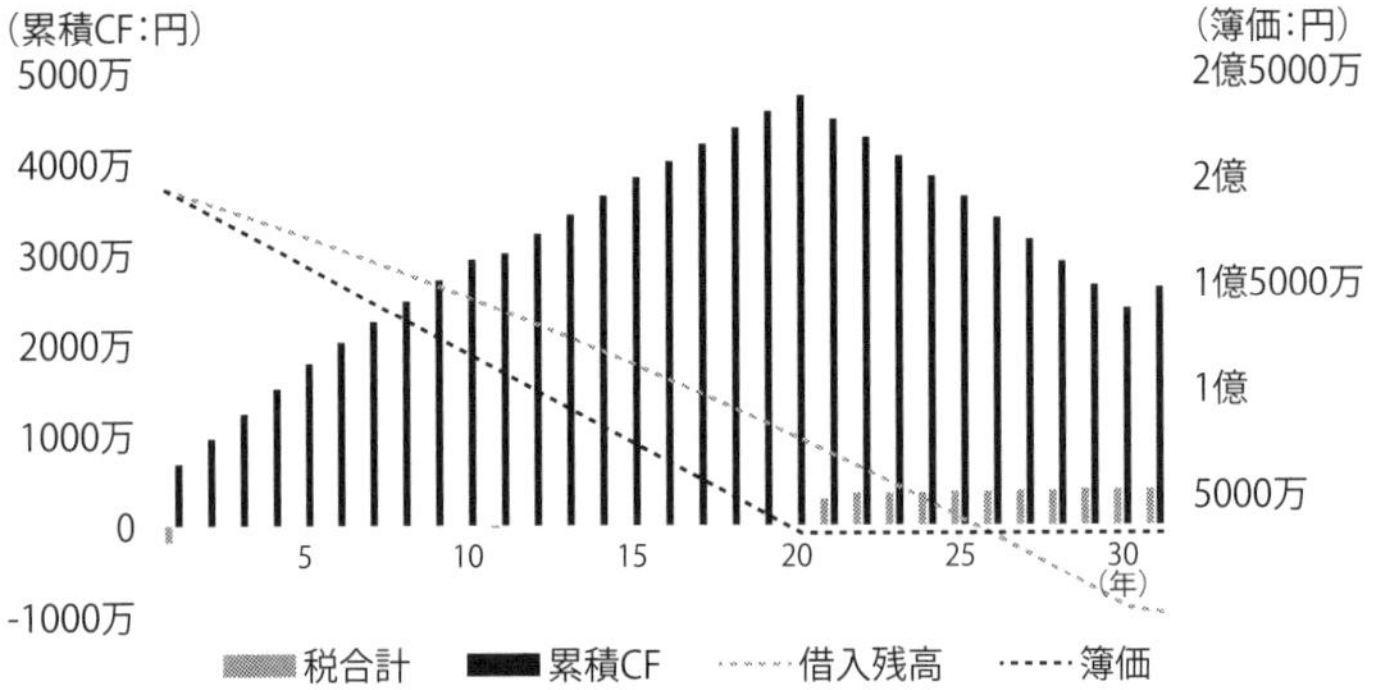

	累積CF	売却単体手残り
5年後	1766万348円	210万7397円
15年後	3819万3352円	3599万1760円
25年後	3606万7416円	8911万9620円

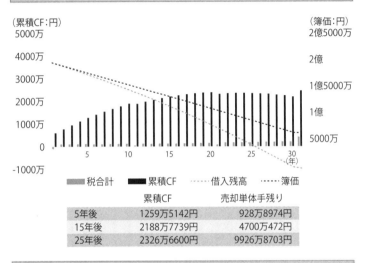

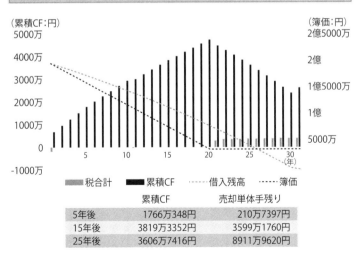

地方のRC物件は土地が安いことから売買代金に占める建物の割合が大きく、建物の規模も比較的大きいことから、購入前半の累積キャッシュフローが年を追うごとに大きく増えることが特徴です。

しかし、減価償却にともなう簿価の下がり方が急になるため、早い段階で税金が増え、それまで大きく累積していたキャッシュフローもピークを境に一気に減少していくことになります。

また、借入残高に比べて簿価の方が早く下がってしまうことで、バランスシートが悪化して債務超過となり、その後の融資が厳しくなることも予想されます。

長期保有後の売却価格も、都市部に比べて大きく差がつくことから、短期インカム型は、早めにキャッシュフローを貯めて短期で転売するのがおすすめということになります（図表21）。

③短期キャピタル型　建物比率40％→短期転売向き
（物件例）都市部の新築木造アパート

他の特性と同じ予算で、都市部に土地から新築木造アパートを建てるため、建物比率はかなり高くなります。また、建物の規模は小さめで減価償却も緩やかなことから、キャッシュフローも他に比べて少なく、デットクロスもローン金利の節税効果がなくなる13年目と、早めに到来します。

短期キャピタル型の魅力は、バランスシートの良さと売却益が安定していることに尽きます。相場次第では大きなキャピタルゲインを得ることも可能で、5年程度の短期で転売することにより、キャッシュを加速度的に増やすことが可能となるでしょう（図表22）。

④節税効果型　建物比率80%、うち附属設備30%（5年償却）→組み合わせ活用
（物件例）地方の築古RC造マンション、都市部の区分マンション

附属設備の比率を多めに取ってトータルの建物比率を大きくしたもので、短期的な減価償却を一気に増やすことで大きく節税を行い、キャッシュフローを確保する方法です。

先ほどの短期インカム型と同じ地方のRC物件、特に築年数の経過したいわゆる「築古物件」においても、建物比率80%のうち附属設備比率を30%にして、設備分を5年間で一気に

図表22　短期キャピタル型30年間の推移

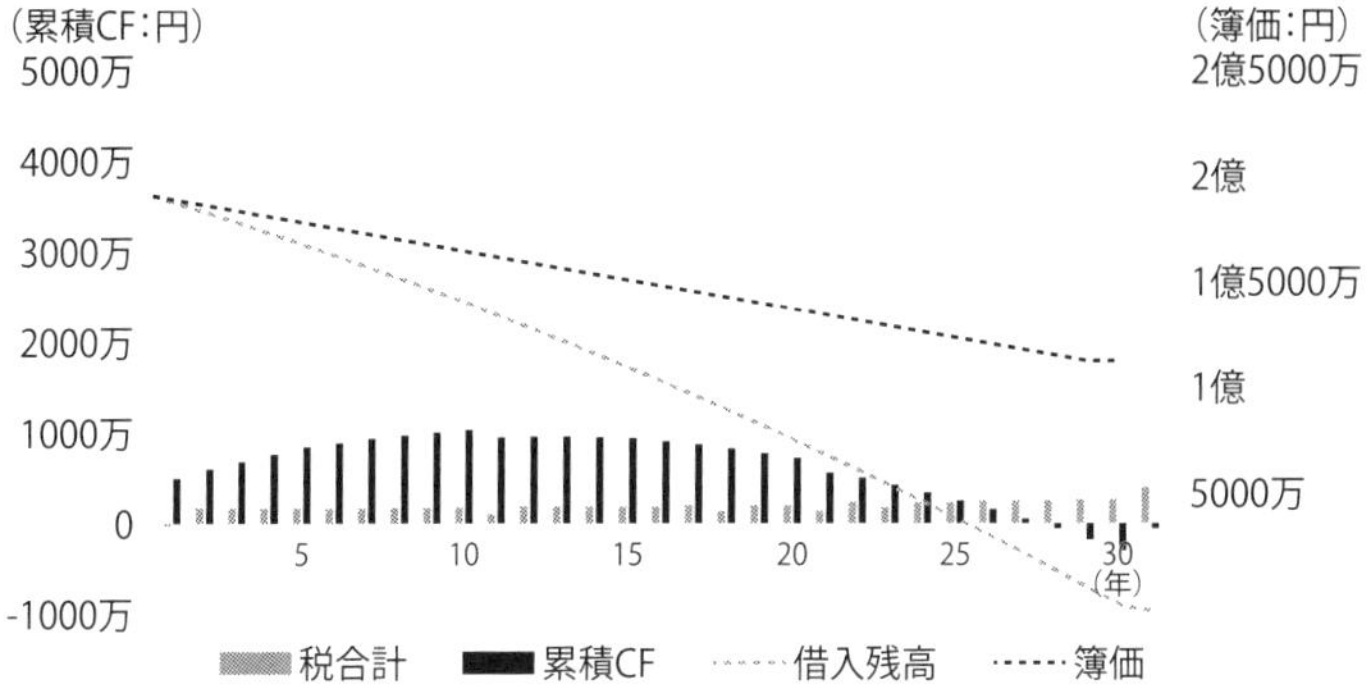

	累積CF	売却単体手残り
5年後	851万5664円	1551万円8943円
15年後	954万4942円	6412万8906円
25年後	257万1961円	1億2689万1532円

図表23　節税型30年間の推移

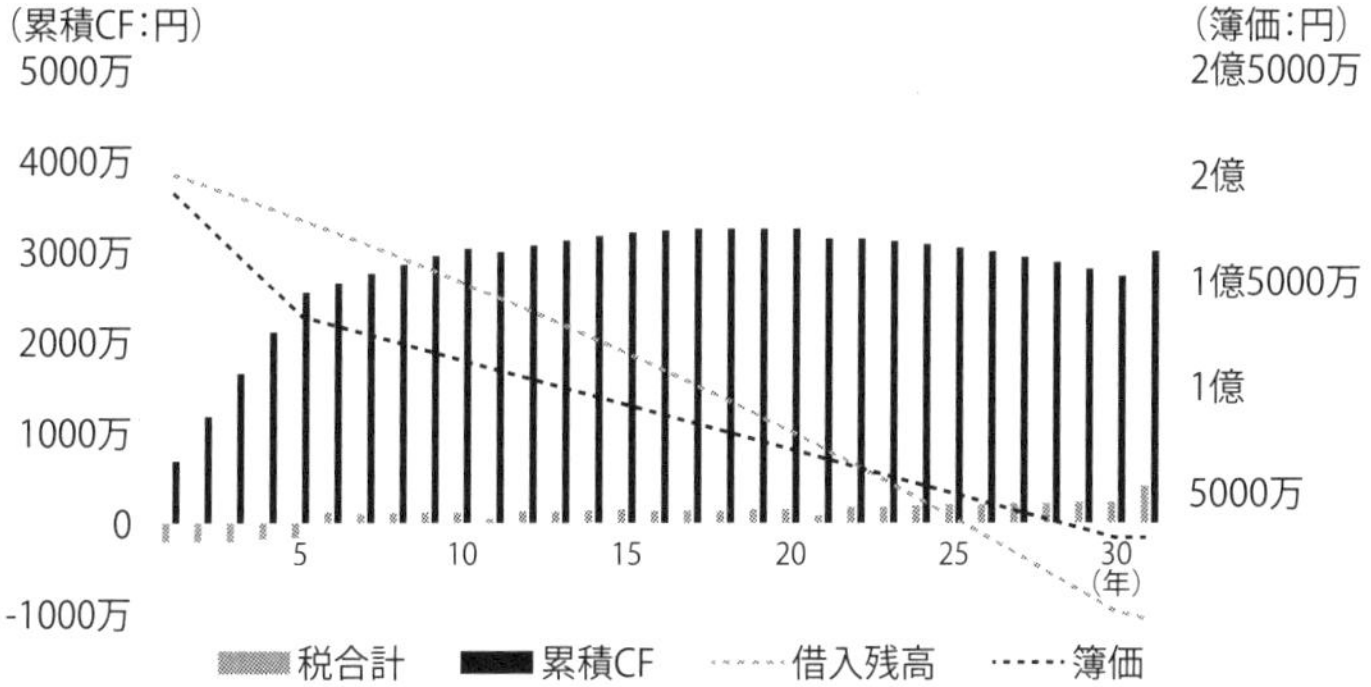

	累積CF	売却単体手残り
5年後	2432万835円	−865万9112円
15年後	3073万735円	3905万2586円
25年後	2910万8266円	9257万3419円

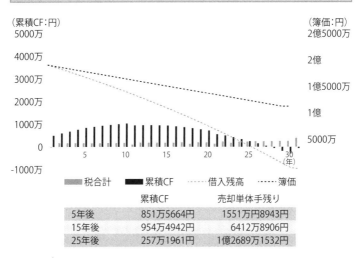

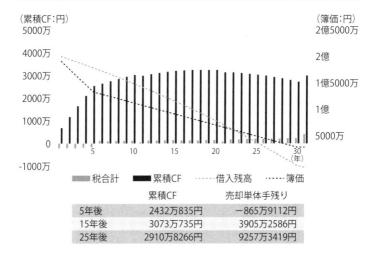

減価償却した場合、5年目の運営累積キャッシュフローが2400万円と、他の特性に比べ最も大きくなることがわかります。

ただし、減価償却と同時にバランスシートの簿価も急に下がるため、短期で物件を売却した場合、譲渡益が出過ぎて大きく課税されてしまうことで、税引後の手残りキャッシュがマイナスになります。

そこで、この節税効果型では、短期的に多くのキャッシュフローを確保しつつも適切なタイミングで売却し、手残りのキャッシュを確保する「保有と売却をうまく組み合わせる」のが理想的なスタイルとなります（図表23）。

◆自分の投資スタイルを見極める

以上、物件の特性を4つのタイプに分けて、それぞれのポートフォリオをシミュレーションしてきましたが、私が今現在、推奨するのは、都市部に短期キャピタル型の新築アパートを建て、売却することでまとまったキャッシュを作り、それをバランス型の中古RC物件に投入、または複数の物件それぞれの特性をうまく組み合わせながら、純資産を拡大していくという手法です。

自己資金がそれほどないところからでもスタートできるので、最も多くの人にチャンスがあると言えます。ただし、こういった戦略は今現在の市況をもとにしたものですので、時期が変われば手法も変える必要があります。

短期キャピタル型、バランス型のどちらも、バランスシートの簿価は物件を長期保有するほど改善していきますし、キャッシュフローの曲線がなだらかであるため、たとえ売却のタイミングを逃したとしても、地方と違い、慌てることなく、物件を保有し続けることが可能です。

それに対し、短期インカム型（地方の中古RC物件）は、かつての高利回りで大きなキャッシュフローを確保できた時代とは異なり、現在では、売却のタイミングを見誤ると、手残りのキャッシュがマイナスになってしまう可能性が高いと言えます。

また、建物の比率が高いことが多く、減価償却の角度が急になるため、借り入れの残高よりも簿価の方が下がっていくスピードが速くなります。そうなると、バランスシートが悪化して債務超過状態となり、追加の物件購入の際に、次の融資を受けることが難しくなると予想されます。

ただ、同じ地方の物件はすべて同じ結果かというとそうではなく、建物比率を変えたり、附属設備の比率を加えたりという操作をすることで、キャッシュフローは大きく変わってきます。

つまり、単純にいい物件、悪い物件という判断を下すだけでなく、物件のポートフォリオを作ることで、今の自分にはどのような投資スタイルが合っているのか、そして、これからどういう投資をしたいのかを見極め、物件の購入時に建物の比率を変えたり、適切な売却のタイミングを考えたりする必要が出てくるということです。

セミプロ投資家は、その場の状況に流されることなく、常に先を読み、計画的に資産を増やしていきます。入れ替える物件と保有する物件を見極めて、投資効率を最大限に上げていきましょう。

POINT

・物件によって、売却のタイミングは異なる。４つのタイプ（バランス型、短期インカム型、短期キャピタル型、節税効果型）に分けて考える。
・物件ごとにポートフォリオを作成し、今の自分に適した投資スタイルやこれからの計画を考えてみることが大切である。

第3部
戦術編

値千金の営業力＋交渉力！

第5章

デキる融資担当者に最短でたどり着く銀行開拓の極意

01

不動産は「買える人」優先！

資金調達は経営者の仕事！

不動産投資は立派な事業です。オーナーは不動産事業を営む経営者であり、資金調達は経営者の仕事です。どの業界や会社であろうと、お金の流れに関しては経営者が責任を持たなければいけません。

不動産は、融資があって初めて成り立つ投資であり、成功させるには、銀行開拓が必須です。「銀行は苦手」「敷居が高そう」「忙しいからなかなか行けなくて」などと言っていては、始めの1歩からつまずいてしまいます。

銀行開拓は次のような素晴らしいメリットをもたらします。

・事業戦略がブレなくなる
・なぜか物件情報が集まってくる
・銀行が好む物件を選別できる

そして、銀行目線を理解すると、不動産投資家としてやるべきことがわかってきます。

・自分の属性や背景はどう見せるとよいか
・エリアはどの辺りを狙うべきか
・どんな物件を持ち込めばよいか
・自分の財務状況をどう改善すればよいか
・自己資金はいくら入れるべきか
・保有物件を維持すべきか売るべきか

つまり、銀行と会話を重ねることによって、最適な融資戦略が見えてくるのです。残念ながら、この間に不動産業者が入ってしまうと、個別に具体的な話を聞くことができなくなります。だからこそ、投資家自らが積極的に銀行へ出向くべきなのです。

銀行→業者開拓のルーティンを回せ!

すべてのビジネスに共通することですが、有力な情報は力を持つ人のところに集まってきます。「いい物件情報が入って来ない……」と嘆く前に、自分は業者からどのように見られているかを想像してみましょう。

- この人は自己資金をいくら持っているのだろうか?
- 物件を紹介したら、購入判断をすぐにしてくれるのだろうか?
- この人への銀行融資は確実なのだろうか?

どの業者も、物件が他の業者に売られてしまう前に一刻も早く売買契約を結びたいですし、ローンが下りずにキャンセルされることは絶対に避けたいと考えています。

そんな業者に「物件を紹介したい」と思ってもらうためには、融資を確実に引けて、購入を即断できる力を身につけることが大切です。そのために必須なのが、銀行の開拓です。

つまり、最初は物件を探すことよりも、銀行を片っ端から開拓し、融資付けの確度を上げていくことが重要なのです。融資の感触をつかんで初めて、業者からお買い得な物件情報をもらえるようになるのです。

具体的には、次の①から⑤までのアプローチを順に実践し、⑤まで行ったらもう一度①からを繰り返します。

①銀行の融資姿勢をリサーチする
②業者から市況を把握し、物件情報を収集する
③銀行の評価目線、融資条件を探る
④業者へ融資感触をアピールする
⑤銀行へ融資審査を依頼し、NGなら理由を聞く

銀行と業者間の往復は大変ですし、すぐに結果が出るとも限りません。多少のムダ打ちは覚悟してください。しかし、やればやるほど次のようなメリットを実感できるはずです。

・物件の選球眼が養われる
・「買える人」と認識される
・お買い得物件に出会う確率が上がる

銀行や業者との対話を通して物件を見極める力がつき、ハズレを掴みにくくなります。

また、物件の判断基準がはっきりして融資の可能性も目処がつけば、業者からは「買える人」と見られるようになります。情報をくれる業者が増えるほど、お買い得物件に出会う確率が高くなるのは当然です。

銀行に関しても同様で、行動すればするほど融資の確率が上がり、成功に近づいていくというイメージです。

チャンスを掴みたい人は、銀行と業者間を往復し、開拓のルーティンをひたすら回していってください。

POINT

・資金調達は不動産投資家にとって極めて重要。投資家自ら銀行開拓に動くことで最適な投資戦略を描くことが可能になる。
・融資付けの確度を上げることにより、業者から良い物件情報が回ってくる。「銀行→業者」のルーティンを回していこう。

02 継続するほどトクをする銀行開拓

銀行融資は断られてナンボ

銀行開拓を成功させるコツは何でしょうか。いろいろな攻略法やアプローチを踏まえるのはもちろんですが、最も大切なのは、一度決めたらひたすらアタックしまくることです。断られるのが怖いと思うかもしれませんが、誰だって最初はそうです。

ちなみに、私は営業マンですので、何度断られても平気です。言ってみれば、銀行開拓は「断られてからが本番」くらいに思っています。

「なぜ断られたのだろう？」という自己分析がなければ、成長も成功も見込めません。行動を重ねるうちに、銀行に対して、「こういう属性の見せ方をすればいいのか」といった自分なりの気づきが増え、精度も上がってきます。たとえるなら恋愛のように自然と経験値も上がっていくのです。

ただし、恋愛には相性があります。「目の前のこの人がいい！」と思ってアプローチしても、向こうが好きになってくれるとは限りません。それならば、多くの相手と出会って相思相愛の人と結ばれたほうが、結果的に幸せかもしれません。

そういう意味では、銀行開拓と恋愛は似ています。首をタテに振ってくれない融資担当者を口説き続けるより、自分と相性のいい銀行や担当者が見つかるまで、どんどんアタックしていった方が結果は早いのです。

状況は常に変動している

不動産起業塾の塾生の方からいただいた質問の中に、次のようなものがありました。

「自分で銀行に行くことの大切さは理解しました。しかし、業者の紹介で不動産に強い銀行に行った方が、やはり効率的ではないでしょうか？」

確かに、自分でしらみ潰しに電話をかけ、銀行に飛び込み営業をかけるよりは、「この銀行から融資が出たよ」とか、「この担当者が融資をつけてくれたよ」といった情報を元に行動した方が効率は良さそうです。

しかし、一見効率的に見えるそれらの行動も、実際にはそれほど効率的でなかったりします。なぜなら、不動産会社の担当者が、本当に融資をつけてくれるのかどうかは、あてにならないからです。

投資家の属性も違いますし、銀行の担当者との相性もあります。下手をすると、前の担当者が異動になっていて、状況はガラリと変わっているかもしれません。

Aさんは過去に、ある銀行で融資を引けました。しかし、それはたまたま運に恵まれただけ、ということも大いにあり得るのです。

状況は常に変動し続けています。いつでも誰にでも等しくチャンスが与えられているわけではありません。情報は情報として押さえつつ、自分でもどんどん行動して飛び込んでいった方が、融資を引ける確率は確実にアップします。

友人の釣り情報を聞いて週末に釣りに行っても、魚が必ず釣れるという保証はありません。1匹も釣れずに「話が違うよ」とボヤいても、「先週は良かった」「やり方が悪いんだ」と言われるのがオチです。

POINT

・銀行開拓は恋愛と同じで断られるのが当たり前のハードな世界。しかし、経験を重ねることで経験値を積むことができる。
・融資に関する銀行や担当者のスタンスは常に変動し続けるもの。業者からの紹介や情報に頼るのは危険。

銀行開拓をアウトソースしたKさんの事例

業者を動かして銀行開拓をやらせる

銀行開拓は、人任せにしてはいけません。経営者として当然のことです。

しかし、金融機関の営業時間内である「平日の昼間は仕事があって抜けられない」という人もいるはずです。そんな人が銀行開拓をするためのいいアイデアはないのでしょうか。

私が運営する不動産起業塾の塾生であるKさんの例を紹介します。

Kさんは過去に不動産投資の経験がなく、「ゼロ」からのスタートでした。彼は本業の仕事が多忙で、銀行開拓の時間をなかなか作れませんでした。そこで考えついたのが、他人に銀行開拓をさせる方法でした。

「ああ、それって三ため業者の融資アレンジじゃないの?

高値掴みになるからダメだよ」と思われた方がいるかもしれません。しかし、彼のアプローチは、一般的な三ため業者の融資アレンジではなかったのです。

つきあう業者は、仕入れた物件に利益を乗せる三ため業者ではなく、仲介手数料のみの仲介会社を選びます。

その後、自分は動かずに業者を動かして、目ぼしい銀行に行ってリサーチをしてもらいます。そして、業者が開拓してきた銀行との交渉は、最終的に本人が行うのです。

具体的には、業者に対して以下のような依頼をします。

「A銀行とB銀行の各支店を回ってください」

「投資仲間曰く、ここの支店は不動産に積極的なようです」

「自分に融資がつく可能性があるか、担当に聞いてみてください」

「ただし、自分の名前は出さないでください」

「ちなみに、C銀行は本命なので行かなくて大丈夫です」

といった細かい指示を出すのです。業者が絡むのはあくまでも入口までで、リサーチをさせるだけです。業者に自分の資産を知られることもないですし、主導権を取られることも回避できます。

頼まれた業者は、目ぼしい物件を持ってA銀行とB銀行の支店を回るわけです。

このやり方で、Kさんは半年の間に新築物件を2棟購入しました。

●●●Kさんの自己アピール方法とは？

本来の銀行開拓は、「融資に積極的な支店かどうか」「担当者は実力があるか」「好まれる属性と自分がマッチするか」「今融資を出したいタイミングなのか」といったことを、自分が銀行に直接行って把握していくものです。

そういった手間のかかる調査を、面倒がらずに1軒ずつ当たっていくのが、本来のセオリーです。

ところが、Kさんはそれを業者にやらせたのです。不動産への融資に積極的で、自分のような投資家にも融資してくれる。そういう融資担当が見つかったら、そこで初めて自分が出ていく。実にうまい方法です。

Kさんは技術職のため、昼は社外へ出られなかったのですが、夜や週末は活動時間が取れました。そこで彼は空いた時間を使って、仲介会社の営業マンと会いまくったのです。

そして、次々と業者に会って情報交換するうちに、懇意になった数人の営業マンへ、満を持して銀行リサーチを依頼したのです。

名刺交換した数は、3カ月でなんと200人。1週間で16～17人もの営業マンと会う行動を3カ月間続けた計算になります。

しかも、ただ会うだけでなく、属性、知識、投資戦略など、自分は「買える人間」だということを、業者に対して積極的にアピールしました。だからこそ、銀行リサーチを引き受けてくれる営業マンが現れたのです。

やっぱり大量行動！

現在、Kさんは2棟の新築物件に続き、3棟目以降の物件を物色しています。

「銀行リサーチしてくれる仲介業者に出会えるなんて羨ましい、ラッキーだなぁ」と思う方もいるかもしれませんが、Kさんが結果を出せたのは運ではなく、大量行動のおかげなのです。

「銀行開拓は面倒だから人に任せたい」、そういったレベルとは次元が違うのです。

誰でもできることを、誰もやらないレベルまでやる。これは、結果を出す人の共通点です。

不動産投資の入口は「物件情報よりもまず融資！」が原則です。どうしても忙しい人は、「他人に銀行開拓をさせる」という大技に、チャレンジしてみてはいかがでしょうか。

03

融資担当者に火をつけろ！

融資がつかなければ始まらない

銀行融資で事業を拡大できることが不動産投資の最大のメリットのひとつです。融資を受けられなければ物件の購入に進めません。自己資金で全額決済できる余裕があれば別ですが、ほとんどの方はこれにあてはまらないでしょう。

２０１７年現在、金融機関の姿勢は前向きで、不動産に対してもフルローンの融資がつきやすい状況です。しかし、どんな物件でもいいわけではなく、融資担当者がＯＫを出さなければ、融資を受けることはできません。

銀行は金利を売り上げとして、経営を成り立たせています。つまり、預金者から集めた資金を積極的に融資して金利を稼いでいることになります。一方、企業や不動産投資家は、融資を受けて事業を行ったり、不動産を購入したりすることができます。融資がなければ事業規模を大きくすることだけでなく、経営が成り立たなくなる可能性もあります。

お互いに「貸したい」「借りたい」という思惑が一致するのだから話は早いのでは？ と考えることもできますが、そんなに簡単ではないのはみなさんがご存知のとおりです。

銀行は「融資したいのは山々、でも安易には進められない」という事情を持っています。「貸したお金が返ってこない」というリスクがあるからです。

◆貸したいけど貸したくない！ 銀行のホンネ

前述した通り、銀行は融資した資金の利息で経営が成り立っています。また、銀行の融資担当者も、より多くの資金を融資することで、営業成績を上げることができます。

しかし、貸し付けた元本が返ってこなければ、かつてのバブル期のように融資が焦げついて不良債権化するという、銀行の経営はもちろん、預金者にも影響を与える社会問題が発生することになりかねません。そのため、銀行は事業性の融資について、慎重になるのが通常です。

それに加えて、債務者が返済を滞らせたり、最終的に返せなくなったりすると、融資を担当した銀行マンの成績に「×」がつき、出世の道が閉ざされることにもなります。たった一度の失敗で出世が閉ざされるとは厳しく感じますが、銀行内部の人事は無情です。

このような理由から、「本当は貸したいけど、返済が危なそうな人には絶対に貸したくない」というのが、銀行（そして銀行マン）の本音と言えます。

投資家自らが銀行を開拓する

金融機関は不動産に融資をする際、対象となる物件の審査を慎重に進めますが、借り主である投資家自身に対しても、それ以上に注意深く審査します。

あなたがいかに有能で、責任感のある誠実な人間であるか。あるいは逆に、事業に計画性がなく、本人の責任感も薄いと見られるか。投資家自身の努力次第で、融資の成否も変わってきます。

銀行開拓がうまく行かなければ、不動産投資の成功はあり得ません。積極的な営業マインドで一つでも多く銀行を回り、より有利な融資を引き出すことが、何よりも大事と心得ましょう。

POINT

・銀行には、バブル期の苦い記憶で、貸し倒れや返済の滞納を恐れて「貸したくても貸したくない」という本音がある。
・融資には、対象となる物件の審査以外に、投資家自身の審査も大きく関わってくる。自分自身の努力も成否の大きな要因である。

04

あなたに貸したい銀行に出会う3ステップ

◆銀行によって、融資の姿勢は変わる

ひとくくりに金融機関と言っても、全国展開している都市銀行から街の信用金庫まで、そのバリエーションは様々で、融資に対する姿勢も異なります。融資の相談に行く際には、それぞれの違いを理解しておきましょう。

①都市銀行（メガバンク）

メガバンクと呼ばれる都市銀行は、全国に店舗を構え、主に大口の企業や顧客への融資を行っています。個人の不動産投資への融資は、他の銀行と比べてそれほど積極的ではなく、

最近は金融庁の指導により、不動産に対する融資がより一層厳しくなっています。

基本的に個人向けの事業性融資（プロパーローン）は、高所得者や資産家にしか行いませんが、ハードルが高いだけあって、貸出金利の利率が低いというメリットがあります。

②地方銀行／信用金庫など

地方銀行や地元の信用金庫などは、一般的に大口の企業や顧客が少ないことから、個人への融資も、都市銀行に比べて積極的なことが特徴です。不動産融資に依存する割合も高いため、多くの投資家が融資を受けることができる反面、都市銀行よりも金利が高めであることがデメリットになります。

それぞれに特性が異なり、中には、高金利ながら審査のハードルが低いといった、不動産投資にも利用しやすい独自の融資を提供している銀行もあります。

③日本政策金融公庫

日本政策金融公庫、いわゆる公庫においても、個人向けの融資を受けることが可能です。

これらは小規模事業者向け融資などの目的を持った非営利事業であり、比較的低金利の融資を受けやすいというメリットがあります。しかし、億単位の高額融資は行わないため、少額の不動産投資に限られてしまうことが難点です。

相手を知り己を知るべし

営業職の経験がある方には基本中の基本ですが、一般的にどんな営業も「準備が8割」と言われています。営業に行く前にあらかじめ、いろいろな情報を明確にしておき、戦略を練っておくことが肝心ということです。

銀行開拓にあたっては必ず事前に、以下の情報や戦略を取りまとめておくようにしましょう。

ステップ1　相手の背景を調べる

戦う前に、相手を知ることはとても大事です。ここでは、銀行の情報を細かく調査していきます。

銀行の情報を知ることで、融資担当者との会話がスムーズになり、会話内容も変わりますので、間違いのないよう調査してください。特にチェックすべき情報は、以下のような点です。

- 本店所在地
- 展開しているエリア
- 事業規模（貸出残高など）
- 収益不動産への融資動向
- 訪問する支店の開設時期と営業エリア

ステップ2　自分のPRポイントをまとめる

次に、その銀行から見て、自分がどういう点で有利なのか、ＰＲポイントを整理します。次の資料を揃えた上で、「どういった相手に融資をしたいだろうか」「どういった物件に融資をしたいだろうか」といった銀行側の目線から、自分のアピールできる点を一つでも多く探してください。いずれの資料も見方次第で、プラスになる材料が見つかるはずです。

・年収がわかるもの（確定申告、3年分の年末調整票）
・所有物件（物件概要やレントロール）
・借入について（ローンの明細、クレジットカード）
・購入物件（事業計画、物件概要、図面など）
・自分のプロフィール（学歴、職歴、資格）
・家族のプロフィール（親の学歴や職歴、資産など）

もし、マイナスの印象を与えるような点があれば、どういう理由から今現在そうなのか、今後こうなる見込みだから返済には影響しないなど、窓口で自信を持って回答できるよう、あらかじめ想定しておくことが大事です。

銀行の融資担当者は、「できれば営業成績を上げたい」と考えています。アラ探しの質問ばかりされると思っているなら、それは誤解です。会話の中では、プラスにつながるポイントを、サインを出しながら密かに待っている場合もあるのです。

担当者が望む「模範回答」に近いコメントを返すことができれば、より有利な融資に近づくことができます。一つでも多くの質問と回答を想定しておいてください。

ステップ3　うまく関係を作って売り込む

これまで調べ上げた情報をうまくまとめ、会話の中で引き出すことができるよう、頭の中に叩き込んでおきましょう。その上で、いよいよ銀行訪問です。

銀行訪問は紹介があれば理想的ですが、飛び込みでもまったくかまいません。一つや二つでくじけることなく、数多くの銀行を回るつもりで臨みましょう。

・銀行の店舗をリストアップする
・電話でアポを取る
・訪問して話をする

POINT

・銀行はタイプによって融資判断に関する明確な判断基準がある。なぜ融資に慎重なのかを考えれば、打開策は自ずと見えてくる。
・銀行開拓も「準備が8割」。相手の背景や自分のPRポイントなど準備を万端にすれば、成功確率は確実に上がる！

05

融資審査を有利にする意外な材料

◆融資部VS審査部の構造

実際に銀行に行き、融資審査を受ける段階において押さえるべきポイントや注意点などを見ていきましょう。

まず、銀行には「融資部」と「審査部」という、立場が大きく対立している部署があります。実際に私たち投資家が銀行へ行き、窓口で話す担当者は、「お金を貸したい」側の融資部です。融資部がいったん融資の依頼を引き受けると、今度は審査部へ審査に出すことになります。

実はこの審査部は、融資部とは正反対で、基本的に「貸したくない」立場の部署です。

「貸したお金が返ってこない」というリスクを最小限に抑えるために、簡単にOKは出さないというスタンスです。

融資部が「貸したい理由」をつけたがるのに対し、審査部は「貸さないための理由」をつけたがります。そして、審査部が融資を認めなければ、融資はいつまでたっても承認されることはありません。

銀行の融資窓口に行くと、担当者から「貸しますよ。どんどん借りてくださいね」などと言われるケースがあります。しかし、融資部でスムーズに話が進んだのに、結局は断られたというケースはごく日常的に起きています。融資が承認されるまでは油断せず、先走ることのないよう注意してください。

買付を入れたものの、融資が通らなかったというときのために、物件の売買契約時に「融資が通らなかったら解約できます」という融資特約を付帯させるという方法があります。

この融資特約は、融資が通らなかった場合に、契約違反を回避するための必須の条項です。物件の売買契約時には、融資特約が付帯されているかどうか、契約書を必ずチェックしてください。

◆「安心して貸せる人」になれ！

融資部に融資を認めさせるために、投資家はどのような攻略法で挑むべきでしょうか。まずは、融資審査を有利にする好材料、つまり、自分をアピールできる項目を揃えてください。年収や勤め先は当然ですが、家柄や学歴なども、銀行は非常に気にします。

なぜ今時、家柄や学歴にこだわるのかと不思議に思う人も多いでしょう。

実は以前、銀行の方と話した際に聞いたのですが、高学歴の家系というのは統計的に倒産や破産のケースが少ないというのです。なぜなら高学歴の人は親族にもある程度の経済力があり、彼らの助けで破産を免れるケースがあるためです。単に貸し倒れの確率が低いというだけで、貧しい人を差別しているわけではありません。

ですから、もし、そういった恵まれた家庭環境や学歴があれば、使わない手はありません。積極的にアピールしましょう。

意外に見落としがちなのが、実家の資産です。親がアパートなどの資産を持っていれば、将来的に相続があるという見込みを伝えておくことも大事です。

また、非常に重要なのが、融資を受けるストーリーと動機です。

これまでどんなことを実践してきたか、なぜ自分は不動産投資を始めたいのかというポイントを明確にしておくべきです。

ここで、「家賃収入が増えたら退職して会社を起業したい」「お金が足りないから副収入を得たい」など、「この人に融資して大丈夫だろうか?」と思われるような理由を伝えてはいけません。たとえ本音がそうであっても、融資が通らなくなってしまっては意味がありません。

「将来の資産形成に」「老後の蓄えに」など、将来に向けてゆっくり資産を形成したいという、銀行が喜んで融資をしたくなるような動機を探すべきです。

先入観を捨てて挑め!

融資の可否に直接関係ないにもかかわらず、世間で言われている融資のジンクスがあります。たとえば、「転職は審査に不利」というようなものです。

この件については、転職自体が以前より随分と一般的になったため、前職からステップアップというような「前向き」の転職であれば、現在は審査にまったく影響を与えないと言われています。

また、「融資の枠がないから受けられないと、業者に言われる」という噂もよく聞きます。しかし、基本的に、融資には「枠」という概念はありません。

「不動産投資向けローンの枠は、年収の20倍から30倍」などという話も、実際には存在しません。不動産投資向け融資は、あくまで物件の積算価格が基軸です。

自身の年収自体は、「積算価格からオーバーした分をどこまで担保できるか」という点で審査されるのであって、そもそも「枠」という概念は馴染まないと言えます。

「融資が出るかどうか不安」という話もよく聞きます。融資の可否を決めるポイントは、「融資の稟議書が審査部で通るかどうか」です。

つまり、稟議書を作る融資部の担当者がいかに優秀か、融資を進めるモチベーションが高いかどうかにかかっているとも言えるでしょう。

同じ銀行内でも、「頭金を2割入れろ」と言われるときもあれば、「フルローンでもオーバーローンでも可能です」と言われることもあります。つまり融資の可否は投資家自身の戦略とともに、融資担当や支店長の腕次第でも結果が大きく変わるということです。

ネットや不動産投資の本などでは、「融資の正解はこれだ！」という論調をよく見かけますが、こと銀行融資に関しては、必ずうまく行く正攻法というものはありません。

これまでの先入観を捨て、前向きにどんどんチャレンジしてください。

POINT

・銀行内部でも「融資部」と「審査部」では立場が大きく異なる。両者の見解が大きく異なると、融資がなかなか決まらないことがある。
・融資をスムーズに運ぶには、投資家自身が「銀行が安心して貸せる人」になることが一番！

06

融資はお金のレンタル契約！

金銭消費貸借契約（金消契約）とは

ここで銀行融資の契約について、もう一度おさらいしましょう。

融資とは、「お金を借りて、利息と共に返済する行為」であり、正式には「金銭消費貸借契約」という契約行為です。

この金銭消費貸借契約においては、借りる側の債務者に、約束した期限が来るまでは返済しなくてもいい「期限の利益」という権利が与えられ、その代わりに、貸す側の債権者には、「金利」をもらう権利が与えられます。つまり、利息は銀行が債務者に貸した「お金のレンタル料」とも言えるのです。

期限の利益は、銀行融資における最大のメリットです。「期限の利益」という権利を行使することで、投資家はもちろん企業も事業を継続し、利益を上げ続けることが可能になります。

しかし、債務者は「期限の利益」という権利を得て金利を支払うと共に、借金を決められた期日までに返す「債務の履行」という義務を同時に背負います。

不動産の融資でも同じことです。購入した物件を入居者に貸して家賃をもらい、毎月決められた額を銀行に返済して初めて、債務の履行義務を果たすことになるのです。

しかし、時には空室が埋まらない、家賃相場が下がったなど、物件を購入した当初は予想しなかった事態も起こり、返済が滞る恐れもあるのです。

◆期限の利益喪失に注意！

「借金を返せなくなった」などの理由で、債権者の利益が喪失した場合、債権者は債務者に対し、債務の履行を求めることができます。これを「期限の利益喪失」と言います。

この「期限の利益喪失」が発生すると、債権者は債務者に対し、期限の利益を無効（喪失）にさせることで、債務の返済に関する一括請求ができるようになります。

わかりやすく言うと、「今すぐ耳揃えて、残り全額返せ！」ということです。

銀行サイドとしては、債務不履行に関しておよそ3カ月から半年の間、催告などで返済を求めた後、不履行が改善しない場合は「期限の利益」を喪失させて、債権を一括請求する手続きに入ります。

そこで債務者が一括返済できない場合、銀行は裁判所の決定を受けて物件などを仮差押えし、任意売却や競売にかけるという流れになります。

また、「期限の利益」を失う行為は、債務不履行の他にも、金融機関の信用を失う「信用毀損」などが該当します。

昨今の不動産投資ブームの影で、より多額の融資を受けて投資規模を拡大しようと、不都合な情報を銀行に伝えなかったり、隠す投資家がいます。融資対象となる法人や個人の情報は融資審査の前提となりますから、そこに不誠実な対応があれば、銀行としては「信頼関係がなくなった」とみなすことになります。

金消契約はきちんと目を通す！

この「期限の利益」については、金銭消費貸借契約書、いわゆる「金消契約」の書面で詳しく記載されています。過去に融資を受けた経験のある方は、金消契約の書面を見たことがあるでしょう。その条文の中に「期限の利益喪失」という項目があります。

その項目には、こういった場合に期限の利益を喪失させますよ、という内容が記載されています。

自分の名前を書いただけで、一つひとつの細かい条文まできちんと見ていないという方がいるかもしれませんが、非常に重要なことですので、必ず目を通してわからない内容があれば銀行に確認を取るようにしてください。

また、「期限の利益喪失」以外では、契約違反、いわゆる違約の条項を必ずチェックしておくべきです。特に、固定金利などの違約条項は必須です。

◆固定金利はがんじがらめ

ある投資家さんから聞いたエピソードです。その方は、売主さんが都市銀行から10年の固定金利で融資を受け、2年保有して売却する、という物件を購入することになりました。そして、融資決済をする、まさにその場で、売主さんの顔が青ざめ、凍りつきました。

理由はこうでした。物件の売却価格は4億円でしたが、10年固定金利の融資を受けてからまだ2年しか経過していないため、融資した都市銀行は売主さんに対し、残り8年分の利息、約3000万円を違約金として請求したのです。

そして残念なことに、売主さんは固定金利に関する違約条項を、決済の場に来るまでまったく気づいていなかったのです。

彼が固定金利の性質をきちんと理解し、金消契約に目を通してさえいれば、3000万円という予期しない損失を未然に防ぐことができたはずです。

金消契約は非常に重要な書類であり、場合によっては債務者に多大な損害を与える場合があります。きちんと目を通す習慣を、今から身につけておきましょう。

POINT

・融資は「金銭消費貸借（金消）契約」。契約書に「期限の利益喪失」に関する項目があるかどうか、必ず確認する。
・金消契約は「期限の利益喪失」以外に金利なども書かれた非常に重要な書類。締結したら必ず内容を理解しておこう。

07

☑ 個人信用情報に気をつけろ！

◆あなたの個信はキレイですか？

通称「個信」と呼ばれる、個人信用情報というものがあります。これは基本的な個人情報と、借入に関する情報がすべて記載されたもので、不動産向け融資だけでなく、個人向けローンやクレジットカード、消費者金融に至るまで、あらゆる金融機関の間で情報共有されています（図表24）。お金の貸し借りに関して、この個人はどういった人で現在いくら借り入れがあり、過去に返済がきちんとされていたか、という情報を把握するために金融機関がチェックするのです。

過去に返済が滞ったなど、個信に記録が残っている場合、金融機関がその情報を元に融資

図表24　個人信用情報（個信）

個人信用情報（個信）とは？

＝お金の貸し借り(クレジットカード、ローンなどの借入契約時)**に関して、
この人はどういう人で、いくら借りていて、
きちんと返しているのかを把握するための情報**

個信に記載される情報

基本的個人情報

- 氏名
- 生年月日
- 性別
- 住所
- 電話番号
- 勤務先

＋

借り入れに関する情報

- 借入状況
- 借入金額
- 借入・最終返済日等の契約状況・返済状況
（延滞、代位弁済、強制回収手続、解約、完済など）
- クレジットカード・ローンの申込の事実

などを断ってくる可能性が高まります。固有名称こそ異なりますが、いわゆるブラックリストのようなものです。

個信は、クレジットカード系の「シー・アイ・シー（ＣＩＣ）」、消費者金融系の「日本信用情報機構（ＪＩＣＣ）」、銀行系の「全国個人信用情報センター（ＫＳＣ）」という、３つの機関で成り立っています。

この個信の情報は、個人でも開示の手続きが可能で、情報を取り寄せることもできます。各機関のウェブサイトは以下のとおりです。

株式会社シー・アイ・シー（CIC）　http://www.cic.co.jp
株式会社日本信用情報機構（JICC）　http://www.jicc.co.jp
全国銀行個人信用情報センター（KSC）　http://www.zenginkyo.or.jp/pcic/

◆銀行マンは個信をチェックする

銀行の担当者もこの個信を利用しています。

ある人のデータが個信に登録された後、その人が新しく融資を受けに銀行へ行くと、担当者は必ずこの個信のクレジットリストを見に行きます。その際、△や×などのチェックがついていれば、その個人に対する融資はアウトになるのです。

チェックがつきやすい例として、携帯電話代金や水道電気ガスなどのインフラ関係の支払いをクレジットカードで支払っているケースがあります。「カードの引き落とし口座に入金するのが遅れた」など、ささいな理由でも2～3回滞納があれば、れっきとした事故としてカウントされてしまいます。

不動産の融資でも個信は重視されます。収入面などの属性は悪くないにもかかわらず、銀行からはじかれた人が、個信を開示請求して取り寄せてみたらチェックがついていた、というケースは珍しくありません。

不動産投資を行うなら、個信情報に傷がつかないよう心がけ、融資がつきやすい状況を整えておきましょう。

POINT

- いわゆる「個信」(個人信用情報)は金融機関で共有されている、個人のローンやクレジットカード、消費者金融に関する情報である。
- 過去の滞納や引き落とし口座への入金遅れなども、「個信」に傷がついてしまい融資にも大きな影響を及ぼすので、要注意!

第6章

割安物件はいつでもある！
相場に左右されない物件購入の極意

01

「高くて買えません！」のウソホント

〝買いたい病〟に要注意!!

このところの不動産投資ブームで物件価格が高騰し、「買いたくても買えない！」という声をよく聞くようになりました。確かに、投資向け物件の相場は、ここ数年で高騰しています。

しかし、高くて物件が買えないというのは、ある意味正しくもあり、誤りでもあると言えます。どういうことなのか、その理由を解説します。

はじめに、「自分の投資基準に満たない物件は買わない」という意味では大正解です。

しかし、人間の心理とは妙なもので、買えない状況が続くと、焦りが生じるようになります。まわりに物件を購入した人が多ければ、なおさらです。

そして、そんなときによくあるのが、「当初に設定していた条件では、いつまでたっても買えない！」と焦るあまり、そのハードルを下げてしまうことです。

たとえば、不動産投資を始めた当初は、「東京23区で、利回り8％以上！　返済比率は50％以下！」のような条件だった人が、買えない状態が続くうちに、「埼玉、千葉で、利回り7％台でもいいかな……」「まぁ、返済比率60％でも何とか回るし……」という感じでハードルを下げ、弱気になってしまうのです。つまり、「いい条件の物件を買う！」という本来の目標をあきらめ、買うこと自体が目的になってしまうのです。

高値掴みはゲームオーバー

不動産投資の成功・失敗の9割方は、入口の段階で決まると言われています。弱気になって、条件の悪い物件を高値掴みしてしまうと、その時点でゲームは終わってしまいます。

投資向け物件に限らず、不動産は「安く買って高く売る」のが基本で、なおかつ「売ってよし持ってよし」の物件を持てれば最強です。高値掴みだけは、絶対に避けなければいけません。

たとえば、こんな新築アパートの情報をもらったとします。

所在地　豊島区	交通　東長崎駅徒歩10分
土地面積　90平米	延床面積　125平米
構造　木造2階建	築年数　新築（建築中）
間取り　1R8戸	年間家賃収入　720万円
売出し金額、1・2億円	表面利回り　6％

あなたは売値で購入しますか？

仮にフルローンで購入すると収支はどうなるでしょうか？

新築なので高稼働で修繕もほとんどないかと思いますが、管理会社へのフィー、共用部の維持費、固都税などで15％程度のコストはありそうです。

〈融資条件〉
金額1・2億円　金利2％　返済期間25年
年間返済額610万円

〈収支〉
家賃収入720万円
運営経費108万円
銀行返済610万円
キャッシュフロー2万円（税引前）

税金を引いたら、キャッシュフローはマイナスです。これでは、何のために不動産に取り組むのか、わからなくなってしまいます。

とはいえ、やっと業者から紹介があった物件です。「断ると、もう二度と紹介してもらえなくなるかも……」と不安になることもあるでしょう。それも無理はありません。「銀行が融資を出すんだから変な物件ではないだろう」と考える人もいそうです。

確かに今の市況は、売る側が買う人を選んでいるような状態です。さらに、融資の審査基準が緩いために「買える」人が多数いますから、売主や業者が強気なのもうなずけます。

しかし、それにつられて高値掴みをしては、絶対にいけないのです。

銀行は、返済さえ滞らなければＯＫ、業者は、物件が売れさえすればＯＫです。つまり、客の資産形成がうまく行くかどうかなど、彼らにとっては知ったことではないのです。

「勉強するほど買えなくなる」はウソ！

不動産に限らず、すべての投資で重要なのは、儲かるのか儲からないのかを自分の基準で判断し、「儲からないなら買わない！」というスタンスを貫くことです。

では、このままずっと物件を買えずに、指をくわえて見ているしかないのでしょうか？

気長に待てる人なら、相場が落ちる時期が来るまで、じっと待ってもいいかもしれません。

現金を貯め込んで温存しておけば、いざ銀行融資が厳しくなったときに、ライバル不在の物件を安く買うことができて、非常に有利です。

しかし、不動産は、時間を味方につける投資でもあります。あまり悠長に待っていると、せっかくの買い時を逃すかもしれません。「あのとき、買っておけば良かった」という後悔をしても、どうすることもできません。

もう一度言いますが、「高くて買える物件がない」というのは正しくもあり、誤りでもあります。買えないのを相場のせいにしていたら、いつまでたっても買えないままです。

「やっぱり今、物件が欲しい!」という人だけ、この先を読み進めてください。相場が高くても買える人はいったい何が違うのかを解説します。

POINT

・いわゆる〝買いたい病〟に苛まれて、買うこと自体が目的となり、自分の投資基準を満たさない物件を買ってしまうのはNG!
・条件の悪い物件を高値掴みしてしまうと、その段階でゲームオーバーである。高値掴みは絶対に避けなくてはならない。

02

値付け間違いをかっさらえ！

不動産に定価はない！

不動産は「一物多価」と言われています。見る人によってその価値が異なり、つける値段が違うということです。

実は、物件が高騰している今でも、値付け間違いの物件はしばしば出てきます。

収益不動産の市況をまったくわかっていない業者は、いたるところにいるものです。

資産価値があるのにもかかわらず、収益目線で低く評価されてしまったために、不当に安く売り出されている物件は一定程度、存在します。

たとえば、以下のような物件がそうです。

所在地　東京都杉並区	交通　荻窪駅徒歩15分
土地面積　156平米	延床面積　132平米
構造　木造2階建	築年数　40年
間取り　2DK4戸	家賃収入　384万円
売出金額5000万円	表面利回り7・68%

場所は良いものの、ボロボロのアパートです。あなたならいくらで買いますか?

地元の不動産屋は、投資家向けにこの物件を価格5000万円、利回り7・68%で売りに出しました。

私なら、即座に満額で買い付けを入れます。そして、売主がその価値に気づかないうちに、売買契約を結べるよう早めに段取りします。

なぜなら、すぐに転売して、4000万~5000万円の利益を出せる物件だからです。

ポイントは、土地の資産性です。

このあたりの土地は、路線価が30万円/平米（100万円/坪）ですが、宅地の取引価格は2００万円／坪です。これを、戸建用地として売却すれば、1億円になるのです。50坪では広すぎますし、1億円の価格では買える人が少ないのですが、この土地は2区画に分筆できるため、25坪に分けて高く売ることができます。

売主と不動産屋はこの点を見落として、古い収益物件として低い評価をつけ、安い値付けをしてしまったのです。確かに、築40年で表面利回り7・68％ですから、収益面だけみると割安とは思えません。

私なら迷わず満額で買います。それは戸建用地として高値で売れることを知っているからなのです。現在住んでいる入居者の退去や土地の分譲についての知識が必要ですので、どちらかというと業者向きの案件と言えます。

個人でも取り組みやすいものとしては、ファミリー向けの区分マンションや戸建があります。

一般的に、賃貸中の区分マンションや戸建は、投資家向けに売られています。当然、利回りベースの価格で売られていますので、これを購入して運用し、借主が退去したら、実需向けに売り出すのです。たとえば、次のような物件が狙い目です。

所在地　西東京市	交通　田無駅徒歩20分
土地面積　135平米	延床面積　105平米
構造　木造2階建	築年数　25年
間取り　3LDK	家賃収入　180万円
売出金額2750万円	表面利回り7%

収益物件として利回り7%で割り戻すと、2570万円ほどになります。数年運用して入居者が退去した後、マイホームを探している人に3000万円で売れれば、利益確定というわけです。

「いくらなら買いたいか」を考える!

「一物多価」ということは、値段があってないようなものです。たとえば、自分の家を売却することを想像してみてください。いくらであれば妥当なのか、あなたは即決できるでしょうか。売主と買主が合意した金額が、イコールその物件の売買価格になるわけです。この考えでいくと、買う側の立場に立ったら、売主がいくらで売りに出していようが、自分の買いたい金額を基準にするべきと言えます。

売り出し価格は、売主と不動産業者が勝手につけた値段です。いくらなら買いたいのか、自分基準の値付けをして買い付けを入れてみましょう。

それが、割安物件を手に入れるシンプルな方法なのです。

もちろん、すぐにうまく行くとは限りません。ライバルが殺到して、自分より高く買う人がいたり、売主と折り合わなかったりするケースがほとんどだからです。

我々のようなプロでさえも、情報１００、買い付け10、仕入れ１という具合です。千三つとまではいきませんが、かなりの低確率です。

しかし、買い付けが通らないくらいでうろたえていては、仕事になりません。買えないのが当たり前と考えて、「値付け→買い付け」を繰り返すのみです。

どんな物件であっても、１円の価値すらないということは滅多にありません。「高いから買えない！」と最初からあきらめるのではなく、自分が買いたい金額を提示することに、ぜひチャレンジし続けてください。

POINT

・不動産は「一物多価」。値段があってないようなものなので、「自分がいくらなら買いたいか」にこだわって買付けしよう。
・「高いから買えない!」と最初からあきらめずに、自分の買いたい金額を提示することにチャレンジし続けよう。

03

☑ 安ければどんな場所でもOK！

◆目利きができれば怖くない！

この際ですから、はっきり言いましょう。物件は安ければいいのです。

不動産に限らず、すべての商売は何でもそうです。質や量にこだわるより、安いことが至上なのです。

私が運営している不動産起業塾には、「首都圏でなければダメだ」と考えている塾生さんが多くいます。しかし、正直なところ、エリアはどこでもいいのです。

これまでの章で、「都市部に物件を買え！　地方は危険だ！」と再三述べてきたにもかかわらず、このようなことを言うのには理由があります。

この「安ければいい」というのは、「1万円と100円どっちが安い?」という単純な比較ではありません。その安さではなく、「その物件の本質的な価値より、価格が安ければいい」という意味です。

ただし、それには本当の価値を見極める力が必要です。それさえわかっていれば、たとえどんなエリアであろうと物件は買えるのです。

大手のワンルーム販売業者やアパート専門の業者などは、エリアにかかわらず、ほとんどの物件を同じ表面利回りで販売しています。しかし、物件は一つとして同じものがないわけで、モノによっては大幅な「高い」「安い」の差が生まれます。

同じ1億円、利回り7%の物件でも、場所や地形、エリアによっては、安いものもあれば高いものもあるということです。

一杯700円のラーメンでも同じことです。一口食べた瞬間に店を出たくなるようなラーメンもあれば、毎日でも食べに行きたくなるラーメンもあります。そうすると、700円を安いと思うのか高いと思うのかが、まったく違ってくるはずです。

◆土地値こそが真実

投資家が本当の価値を見抜いて安く買おうとするのに対して、物件を少しでも高く売ろうとするのが売主サイドの姿勢です。売主が販売業者であればなおのことです。都合のいい収支シミュレーションを出してきたり、さも儲かるような見せ方をしてきたりと、さまざまな営業スキルを駆使して、投資家の価値判断を鈍らせようとします。

しかし、そのような「見せ方」の中にも、ブレない価値が存在します。

それは「土地の値段」です。土地値に対する物件の価格は、物件の資産性における一つの判断基準になります。同じ表面利回りの1億円の物件でも、土地の価値が5000万円のものと7000万円のものとでは、資産価値がまったく異なるということです。

都内で販売されているアパートを見ると、表面利回り5~7%のものが多く見られます。土地が50平米であろうと100平米であろうと、戸数や家賃が同じ条件であれば、同じような金額で売られています。それならば絶対に、土地の広い方を買う方がいいと私は断言します。

投資である以上、やはり物件の利回りが気になります。しかし、利回りだけに振りまわされず、資産性もきちんと査定することで、売却時のゴールがまったく異なってくるのです。

もう一つの理由として、利回りは見せ方次第でどうにでも変えられるということがあります。

きちんと設定家賃が取れていればいいのですが、地方の物件など、満室にするのがそもそも難しいエリアの場合、想定利回りはまったくあてにならない数値と言えます。

反面、土地値はブレることがありません。真の価値を見極めて、その価値に対して高いか安いかを判断できれば、どんなエリアでも勝負はできるのです。

POINT

- 極論すれば「物件は安ければどこでもOK」。しかし、これは単に値段の問題ではなく、その物件の本質的な価値と比べて、という意味である。
- 利回りは操作できるが、土地の値段だけはブレることがない。利回りだけでなく、物件の資産性もしっかりチェックしよう。

04

仕入れルートを構築せよ！

◆「とっておきの情報」はいつもクローズド

銀行開拓と同様に、物件の仕入れルートは自分で構築するものです。

融資担当者の能力次第、融資審査の可否が大きく変わるように、不動産業者も担当者によって、物件を仕入れて売りさばく能力が異なります。そうであれば、なるべく能力の高い担当者とつきあいたいものです。

投資家仲間の間では、「俺、あそこの担当から買ったよ」というような話の後で、「へぇー、ぜひ俺にも紹介してくれ」という流れになることがよくあります。

紹介して欲しい人の心には、どこかに相場よりもいい条件でお金を貸してくれる銀行が存在したり、秘密の物件情報を教えてくれる業者がいたりすることを、期待している気持ちがあります。

しかし、考えてみてください。毎回、いい物件ばかりを紹介してくれる業者がいたとして、その業者を誰か他人に紹介してしまえば、自分に紹介してくれる物件は半分になってしまいます。そんなリスクを負ってまで、いい業者ルートを教える投資家はいません。

また、「自分にいい情報をくれるのは、その業者と自分が特別な信頼関係にあるから」という理由であれば、まったくの他人に紹介したとしても、その人には普通の物件しか出さないことになります。

たとえば、「メガ大家さんとつながっている業者なら、いい物件を紹介してくれるのでは?」と考えて群がる投資家が多くいますが、殺到すればするほどライバルが増えて、大した物件情報は回ってこないことになります。

つまり、優遇されている人とその他大勢では、扱われ方や確率がまったく違うのです。いい物件情報は優先的に、ちゃんと買ってくれる人、継続した取引ができる人のところへ行ってしまいます。紹介さえあれば、自分にもいい物件が回ってくると思うのは、甘い考えと言えるのです。

業者が物件を作るわけじゃない

投資家は、消費者的な視点で不動産を捉えがちですが、それは間違いです。友人や同僚から、「美味しいレストランを紹介してくれ」と頼まれることは誰にでもあると思います。レストランであれば、以前食べたものと同じクオリティの料理にありつけるはずですが、不動産はそうは行きません。同じような物件は二度と出てこないのです。

美味しい料理を作るコックやいい工芸品を作る職人など、モノを作る人と不動産業者を、シロウトは一緒にしてしまいがちです。

しかし、不動産業者は不動産を作るわけではなく、情報を流すだけなのです。不動産投資を始めたばかりの新米投資家は、そこがピンと来ていません。

毎回安打を出すヒットメーカーのように、「安くていい物件を次々に作り出せる人がいるのではないか？」という考えにとらわれてしまうのです。

しかし、安くていい物件だけを取り扱う不動産業者などありません。

もし仮に、売主から物件を不当に安く買い叩いて、どんどん売りさばくようなやり手業者がいたとしたら、買主にとっては天使ですが、売主にとってはとんでもない悪魔です。

また、安くて良い物件が手に入るのは、実力のある業者だけとも限りません。

逆に、シロウト同然のダメな業者が持ってきた物件が、滅多に見ないお値打ち品だったり、お宝物件に変わったりすることもあります。なぜなら、ダメな業者は、こちらのリクエストを何でも聞いてくれることが、しばしばあるからです。

たとえば、売値1億円で回ってきた物件情報に対して、こちらが8000万円で買いたいと考えたとき、その業者に対して「1億円でなんて買えるわけがない」と、8000万円になる理由を淡々と説明します。

その業者はシロウトなので、こちらの言うことをそのまま信じ込み、売主にそれを伝えに行きます。売主も相場を知らず、ダメな業者から言われたとおりに「そうか、8000万円の価値しかないんだ」と了解し、8000万円で話がまとまるというわけです。

ベストパートナーをまずは一人つくる

実力のある業者に、必ずいい物件情報が入るとは限りません。しかし、そんな中でも、いい物件情報を仕入れるセオリーは確実に存在します。

それは、物件情報を多く持つ不動産業者から、一番に物件を紹介してもらえる投資家になるということです。

私はデベロッパーに勤務していた経験があり、そこでは物件の仕入れ業務を担当しました。入社後は新規開拓の連続で、自分の仕入れルートを作るのが第一の使命でした。

入社当時、先輩や会社からよく言われたのが、「自分を第一優先に、物件を紹介してくれる業者を10人作れ。そうすれば、一生食っていけるようになる」ということでした。

たとえデベロッパーであっても、いい不動産は年中常に買えるものではなく、情報を10件持って来てもらっても、契約できるのはせいぜい年に1～2棟です。しかし、第一優先に情報を持ってきてくれる業者が10人いたとしたら、物件を毎年コンスタントに10棟買える計算になるのです。

個人では、このようにコンスタントには買えませんし、ローンの審査が必ず通るとは限りませんから、第一優先にしてもらうのは簡単ではないかもしれません。
しかし、業者とのパイプ作りをあきらめてしまっては、いつまでたっても二番煎じ、三番煎じといった、割に合わない物件しか回ってこないのです。

POINT

・いい物件情報を持っている業者を紹介してもらっても、みんながそこに群がってしまっては大した情報は回ってこない。
・業者とのパイプ作りは一朝一夕にできるものではない。しかし、そこであきらめてしまっては絶対のいい物件情報は回ってこない。

05

物件情報がワンサカ集まる営業マンとの関係づくり

「えこひいき」される人になれ！

業者とのパイプを確実に作るには、数多くの業者を何度も回り、自分は物件を買える人だということを積極的にアピールし、業者と仲良くなることが必要です。

業者と仲良くなるためには、コミュニケーション力がモノを言います。そして、残念なことに、コミュニケーション力は個人によって様々であり、これといった成功のセオリーはありません。

まめに会って、こちらが持っている情報を教えたり、プレゼントを渡したり、うまく行ったらお礼をするなど、自分なりのコミュニケーション方法を使って業者と懇意になることを目指しましょう。

そして、仲良くなるのと同じくらい大切なのは、「業者に嫌われない」ということです。嫌われる人の特徴は決まっています。それは「情報をもらっても感謝しない人」です。情報の真の価値がわからない、あるいは「客だから情報ぐらいもらって当然」という態度を投資家が取ってしまえば、物件情報を回した業者がいい印象を持つわけがありません。他にも得意先はあるし、買ってくれる投資家もいるのですから、次からは情報を回してこなくなります。もし、業者との関係が長く続かないと悩んでいる方がいれば、この辺りを注意してみてください。

業者は、買主が誰であろうと売買が成立さえすれば、身入りは変わりません。物件の売主も同じです。高く早く売れるなら、正直なところ誰でもいいのです。ということは、掘り出し物件を誰に最初に紹介するかは、業者の気分次第なのです。

相手も人間です。自分からの情報を喜んでくれて、親近感を覚える客がいたとしたら、その業者は、その客が喜びそうな物件情報を回したくなるものです。

◆情報をもらったらすぐ動け！

「いい情報をもらったのに、判断が遅くて買えなかった」という経験はないでしょうか。あなたも悔しいでしょうが、実は、業者の方も落胆しているはずです。「買えない人に紹介しちゃったよ」という意味での落胆です。

業者が売主ならともかく、仲介であればとりわけスピードが命です。投資家から返事が返ってこなければ、業者の担当は次のようなことを心配します。

・売主の気が変わる
・他社が客付けしてしまう
・社内にも敵がいる

どんなに頑張っても、成約しなければ売上はゼロです。業者もビジネスですから、反応がなかったり返事が遅かったりすれば、「行動が遅い＝買えない投資家」というポジションに格下げされてしまいます。

1件でも多く、早く成約させたい営業マンは、行動が遅いお客さんとつきあっている暇はありません。早口の人が、ゆっくり話す人と会話をするとイライラするのと同じことです。

・物件を紹介されたらスグに検討する
・前向きなのか、検討外なのか応答する
・買う条件や断る理由を具体的に言う

これらのアクションを早急に起こしてください。たとえ買えなかったとしても、早く断ってくれれば次のお客さんに行けるので、業者もありがたいのです。メールの返事すら返さないのはもってのほか、何かしら反応するのは社会人の常識と考えましょう。

仕入れルートの構築は、不動産投資において最も大切な作業の一つです。

そのためには、何よりも業者と良好な関係を作ることが重要です。積極的に業者に通い、個人的に仲良くなり、情報をもらったらすぐ動く。この行動を繰り返してください。

POINT

・いい物件情報は業者との関係を深めなければ、絶対に入ってこない。業者とのパイプさえ作れば、よい情報は自ずと入ってくる。

・業者とのパイプ作りはコミュニケーション力の世界。情報をもらったら、成否どちらの場合でも、すぐに返事をするなどスピード感を意識する。

06 出口から逆算するプロの値付けとは?

物件購入は「出口」から考える

物件を購入しようとするとき、どのような点を重視するでしょうか。

エリアや建物の特性、規模などと共に、多くの方は「相場より安く買う」ことに焦点を当てると思います。安く買うことで高利回りを見込め、浮いた分をリフォームなどの他の費用に充てられますし、将来の売却益を得られる可能性も高まるからです。

しかし、とにかく安ければ何でもいいかというと、それは間違いです。物件は安く買えたものの、売却時に残ったキャッシュがわずかだった、トータルでマイナスになった、ということでは意味がありません。トータルで見て資金が増えなければ、その後、投資規模を拡大することも難しくなります。

セミプロ投資家なら、安く買うのと同時に、将来的にきちんと売却益を確保できる物件を選ぶべきです。それこそが、「とにかく安い方がいい」と考えがちなシロウト投資家との違いであるとも言えます。

ここでは、「売却」という出口の観点から、物件購入のポイントについて説明します。

◆収益性と資産性の両面で出口を見る！

物件を購入する際に、「これは買いだ」という判定を下すためには、その物件の①「収益性」と②「資産性」という2つのポイントから検討することが重要です。

「収益性」とは、その物件から得られる収益を積算したもので、「収益還元法」で求めることができます。

「資産性」とは、土地の資産価値と、築年数などを考慮した建物の資産価値の双方を積み上げて積算したもので、「原価法」で算出された数値が指針となります。

これら2つの積算方法を知った上で、出口のバリエーション、つまり転売ができるかどうかを考慮し、「検討可能な金額」を査定していきます。

次に、3つの物件種別をシミュレーションしながら、適正な購入額を探ってみましょう。

①都市部の中古RC↓収益性重視

②S造/木造など、前記以外の中古(築古/郊外)↓資産性重視

③土地から新築木造AP↓収益性+資産性重視

鉄骨や木造などのRC造以外の中古物件、または築古や郊外などの種別では、建物の残存価値が小さく購入後もさらに下がっていくことから、収益性よりも資産性が主な判断材料となってきます。売り先としては、将来的に取り壊してアパートや戸建てを建てる開発業者を想定します。彼らが仕入れるであろう金額をシミュレーションし、それ以下での購入を目標にします。

◆収益性の判断

都市部における中古RC物件、および土地を購入して新築する木造アパートについては、出口の売却先として投資目的の個人または法人が想定されます。これらの物件は融資に積極的な銀行が多数ありますので、想定される銀行の融資条件を元に次の買い手が最大でいくらくらいまで融資を引けるのかをシミュレーションし、それ以下であれば比較的安全な仕入れ金額であると言えます。ただし、木造アパートに関しては資産価値に占める土地の割合が大きいため、土地の資産価値の面からも妥当性を判断します。

中古物件の収益性の判断としては、家賃収入から融資の返済に回せる金額（返済可能額）を想定し、金利と返済期間から逆算して借入可能額を求めます。どの銀行においても、収益性としての審査においては家賃収入にかかる返済額の比率を見てきます。

返済比率＝返済額÷家賃収入

目安となる返済比率は幅がありますが、50%～70%といったあたりになります。また、管理費や入退去、税金などの保有コストは返済可能額に影響しますので、都心部と郊外などのエリアによって、金融機関の利率や借入期間に違いが生じる点にも注意が必要となります。そのような諸条件を個別に検討しながら、これから購入しようとする物件について、ローンの返済額から逆算し、査定額を求めます。このプロセスは絶対に欠かせません。

◆資産性の判断

資産性に関しては、土地と建物を分けて積算する必要があります。

中古物件の場合、価格に土地と建物の比率は明示されていないため、自分で計算して求めます。建物は土地と異なり、都市部と地方など「エリアによる評価の差はない」と考えると、その残存価値は次のように求めることができます。

建築費（1坪あたりの建築費×延床面積）÷法定耐用年数×残存耐用年数

土地から新築アパートなどを建てる場合は、建ぺい率や位置指定道路などの法的な制限、傾斜地など、トータルの費用増減も加えた上で建築費を積算します。

建築費を積算したら、部屋数で割り出して家賃収入を査定することができます。この数値は、収益性との相互評価にもリンクしてきます。

積算によって建物の価値がわかれば、あとは物件の総額から建物分を差し引いた残額が土地値です。

「ホームズ」や「アットホーム」など、ポータルサイトの売買事例を参考に、そのエリアにおける土地の相場価格を把握することで、土地建物全体の積算、つまり資産性の判断ができるようになるはずです。

ホームズ　http://www.homes.co.jp/tochi/price/

アットホーム　http://www.athome.co.jp/tochi/souba/

●都市部中古RCのシミュレーション

では、実際にどのように、収益性と資産性から逆算して値付けをするのか、シミュレーションしてみましょう。

たとえば、不動産業者から以下の物件情報が来たとします。

場所　埼玉県川口市	構造　中古RC1棟マンション
部屋数　2LDK	部屋数　10室
年間家賃収入　1000万円	価格　1・5億円
表面利回り　6・7％	

この物件に対して銀行の融資条件は「フルローンで金利3・5％、返済期間30年」だったとします。この物件を、いくら以下なら買えるのかを考えてみましょう。元利均等返済のローン計算は非常に複雑なので、インターネットやスマホアプリなどのローンシミュレー

ターを利用してみてください。

都市部の中古RC物件では、「収益性」を重視します。

先ほど述べたように返済比率を70％に設定すると、年間返済可能額は700万円、前記の融資条件で逆算すると借入可能額は約1億3000万円、表面利回りは7・7％になりました。

つまり、「金利3・5％　30年」のローンが引ける物件であれば、1億3000万円が融資限度額となり、キャッシュフローもわずかですが確保できるようになります。これが購入検討可能なボーダーラインと考えてください。

次に、都市部の中古RCマンション目標利回り8・2％を目指すのであれば、年間家賃収入を目標利回りで割ることで、目標にすべき総予算が出てきます。

家賃収入1000万円÷目標利回り8・2％＝約1億2200万円

この金額以下で買うことができれば、即時に売却しても黒字が確保できるというイメージです。物件情報が来たときに、売値が1億2000万円であればそのまま買ってもいいですし、1億5000万円だったら「1億2000万円なら買えます」と伝えればいいのです。

つまり、1億2000万円で購入できれば、仮に1億3000万円で売りに出したとしても、次に買う人に融資がつくのがわかっているから、出口が見えているというわけです。

これはあくまで都市部の中古RC物件を想定していますが、銀行は、エリアや物件の種別ごとに得意分野が変わります。

物件情報が入ったら、まずは「この物件に融資をする銀行はどこか?」と検討し、複数の融資先から一番条件の緩いところで融資限度額を想定してください。

売却時の融資枠を予め想定しておけば、次の人が、いくらなら買えるのかがわかります。

「物件購入は売却出口から」という基本マインドを常に意識するよう心がけましょう。

POINT

・不動産投資は「売却」という出口から物件の購入を考えるべき。「とにかく安い物件を」という考えは放棄しよう。
・「売却」という観点に立った物件購入のポイントは「収益性」と「資産性」。これに融資戦略を絡めるのが万全の体制。

07 価格交渉には段取りがある!

「ふんわり、じわじわ」が常套手段

物件を購入するとき、誰もが「1円でも安く買いたい」と考えます。

しかし実際のところ、相場より割安な物件を見つけたり、こちらの指値が一発で通ったりというチャンスは、なかなか訪れないものです。また、巷では〝鬼指し〟と呼ばれる売出金額よりもはるかに低い指値で買い付けを入れるという手法もあるようですが、根拠のない指値は相手を怒らせるのが関の山です。業者の仕入れでは、ふんわりしたところから相手の状況を探りながらじわじわ金額を下げていくのが常套手段です。

ここでは、いい物件をさらに割安で購入するための、ちょっとしたウラ技的な交渉術を学んでいきます。
まずは、価格交渉の大まかな段取りについて説明します。
価格交渉は次のとおり、大きく分けて4つのステップに分かれます（図表25）。

【ステップ1】目標金額（買値）を決める

物件に対して、どのくらいまでの額が出せるのかを、自分で把握します。

前項で述べたように、物件の種別に合わせて収益性、資産性それぞれの査定を行い、売却時の出口から「逆算」することで、その物件の適正価格を求めます。適正価格がわかれば、その物件を買えるのか買えないのか、おおよその目処をつけられます。

【ステップ2】売値と買値のギャップが縮まる可能性を探る

仲介会社への問い合わせや訪問を通じ、ステップ1で査定したレベルで物件が買えそうかどうか、軽く雰囲気を掴んでおきます。この時点ではまだ、本格的な交渉を行ってはいけません。あくまでソフトな言い回しで、売主の様子を探る程度にとどめましょう。

図表25　価格交渉の段取り

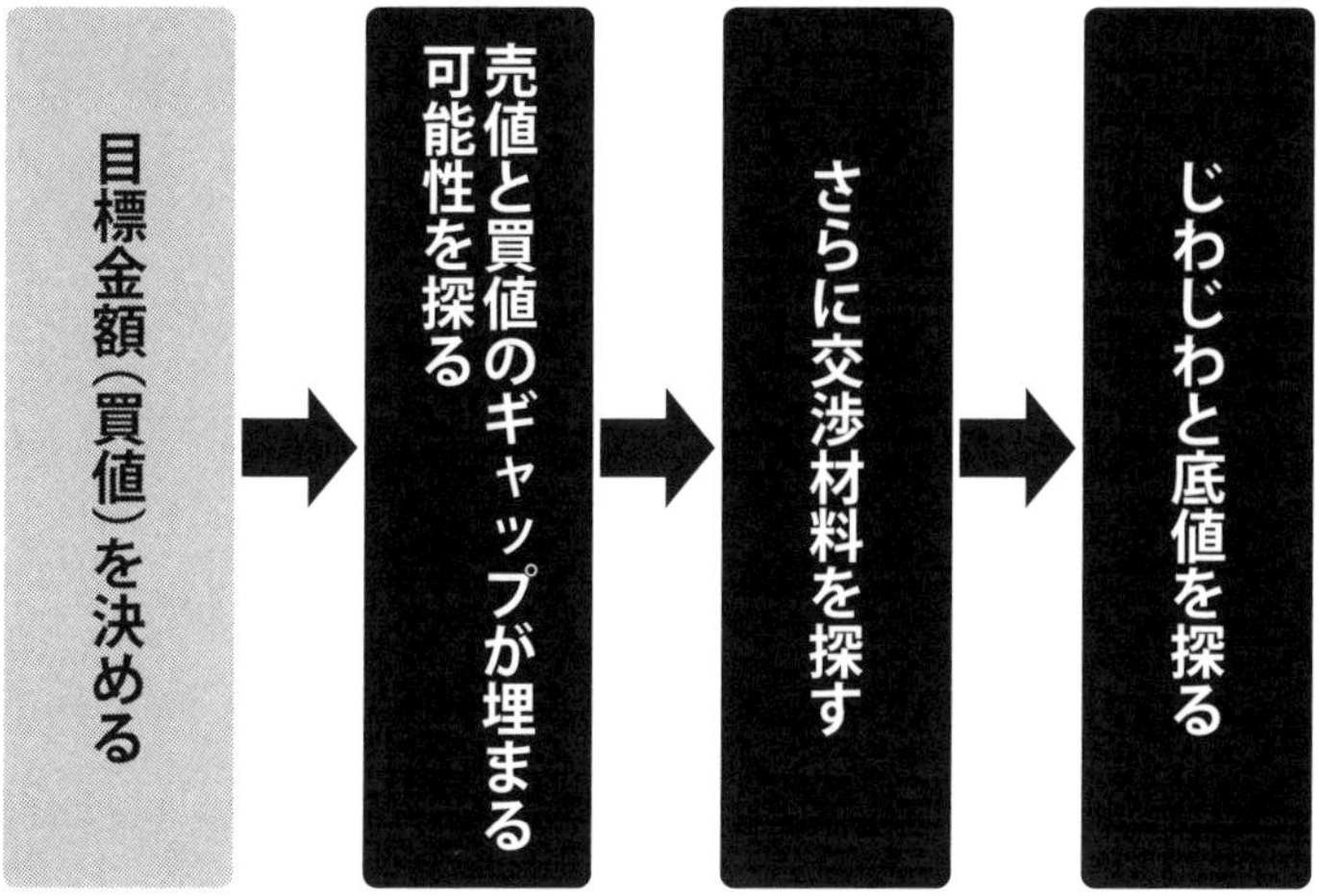
目標金額（買値）を決める
売値と買値のギャップが埋まる可能性を探る
さらに交渉材料を探す
じわじわと底値を探る

【ステップ3】さらに交渉材料を探す

ステップ2で得られた情報をもとに、実際に現地を見たり、詳細な資料を取り寄せたりして、こちらに有利になりそうな価格交渉材料を見つけていきます。調査すべき情報の詳細は、後ほど解説します。

【ステップ4】じわじわと底値を探る

いよいよ本格的な交渉に入ります。事前に調べた情報を売主に提示し、自分が考えている底値に近づけるよう、交渉を進めていきます。

「こういうネガティブな要素があるから、もっと安くしなければ売れない」という交渉術を使う場合は、単にケチをつけるというレベルではなく、それまで集めた交渉材料の裏づけを添えて説得力を持たせましょう。それが、買主サイドに有利な展開をもたらすはずです。

価格交渉の前の情報収集が勝敗を分ける！

本格的な価格交渉の前に、以下の情報を調査し、交渉に有利な材料を揃えたり、逆に交渉で不利になる可能性を、あらかじめ排除したりしておく必要があります。

①売主の素性をプロファイリングする

売主の素性は物件以上にさまざまです。登記簿謄本の記載内容から、売主が法人なのか個人なのか、または個人であっても共有者がいるのかなど、多くの情報を知ることができます。

物件をいつ、どのような目的で購入したのか、取引銀行にどのくらいの借入れをしたか、そして借り換えがあったのかなど、おおよその経緯がわかりますので、登記簿謄本は交渉材料集めのツールとして必ず入手してください。

登記簿謄本を見ることは、売主が「なぜ売るのか」を知ることにもつながります。

②売却理由を探る

売主が物件をどのように手に入れたのか、どういう理由で物件を売却したいのか、それを探ることで、価格交渉に大きなメリットをもたらします。

単に資産入れ替えのためなのか、資金繰りや相続による売却で早く売らなければいけないのかなど、売主の事情はさまざまです。その事情を知ることで、指値の幅を大きく見直すなど、強気の交渉を進めることも可能となります。

売却理由は、仲介会社とのやりとりから探ることが大半ですが、登記簿謄本から、本当の売却理由が判明することも珍しくありません。

ここでは登記簿謄本をもとに、その売却理由を探っていきましょう。

たとえば、もし、半年前に法人が買ったばかりということなら、「業者の転売では?」ということが推測できます。

転売業者は「プロジェクトファイナンス」と呼ばれる、借入期間が1年の短期のローンを組んでいる場合が多く、1年後には全額返済しなければいけません。そうであれば業者は返済が迫った時期に焦り、損切りして売ることも考えられます。

2008年秋のリーマン・ショック以降、こういった物件が多く出ていましたが、ここ数年でも、業者による転売が増えてきた印象があります。

また、私の経験した取引ですが、相続によって共有名義で所有しているケースで、共有者の住所を見ると、転々と住所の変更登記を行っていたという事例がありました。住所の変更登記は、売却時に所有権移転と同時に行うことが多く、まめに登記を行うケースはそれほど一般的でありません。

さらに、それぞれの住所を調べていくと、すべて官舎の所在地という共通点が発覚しました。そのことから、売主が堅い職業で、変更登記をまめに行う「真面目な人」だ、という素性がある程度見えてきました。

その場合、物件の買付申し込みに際して、2番手が1番手よりも高い額を提示したとしても、「堅気に1番手を優先して交渉するのではないか?」など、価格交渉に有力な情報を得ることができます。このように、資料を見るだけでも様々なことがわかるのです。

③主導権を握る人物をあぶり出す

実際の価格交渉においては、誰が主導権を握っているのかを知り、交渉をスムーズに進める必要があります。不動産取引においては、一般的に売主本人が交渉を主導しますが、場合によっては、以下の関係者が交渉の代理を行うケースもあります。

- 元付の仲介会社
- 売主の配偶者、子供、親族
- 他の共有名義者
- 税理士など

共有名義者が多く、誰が交渉の主導権を持っているのかがわからない場合などは、仲介会社の担当者との会話の中で探ることになります。間に入る仲介会社によっては、売主サイドの情報をよく知らず、限られた情報しか得られないケースもあります。

その場合、売主の情報に詳しい元付の会社に直接質問をするなど、積極的に調査を行い、主導権の把握に努めてください。

④怪しいポイントを潰す

不動産業者によっては、そもそも売り物ではない「おとり物件」など、確度の低い情報を出していることがあるので、その仲介会社が持っている情報が正しいのかを、常に注意することが大切です。

また、交渉にあたっては登記簿謄本の記載事項から、不自然な点がないかを十分に調査する必要があります。過去の転売歴や、無名の金融機関が設定した抵当権、売主が海外在住、共有者が多すぎるなど、気になる点があれば詳細を確認し、この取引が安全なものかを慎重に見極めなければなりません。

不動産のポータルサイトに情報が掲載されているか否かで、情報の確度を探る方法もあります。「楽待（らくまち）」や「アットホーム」「ノムコムプロ」など、大手の不動産ポータルサイトを確認することで、自分に入ってきた情報が現在、どの程度拡散しているのかを確認することができます。

あるいは、不正な情報ではないものの、仲介会社が売主との間に3～4社入っているケースでは、情報の確度が変わってくる場合があります。

たとえば、売主と直接契約した元付の仲介会社が「3億円ぐらいまで下がりそうだ」と伝えた情報を、次の仲介会社が「3億円までなら確実に、または3億円以下でも良いと聞いている」などと、話を膨らませてしまうケースです。そういった確度の低い情報に振り回されないよう、話の出どころを見定め、正しい情報を得ることが大事です。

運がよければ、まだ査定段階で正式に売り出しが決まっていない物件の情報を、仲介会社の担当者から入手できる場合もあります。市場に出ていないため、「ライバルがいない」貴重な情報であり、こちらが提示した額で売買がまとまる可能性も高いと言えます。

しかし、リスクもありますので、安全な取引であるかどうか、登記簿謄本などから事前に調査することは必須です。

⑤ライバルが存在するか

物件に対して、どれくらい競合者がいるのかを知ることも大事です。

仲介会社とのやりとりの中で、これまでどのぐらい問い合わせがあったのか、現在検討しているライバルはいるのかなど、状況を掴んでおきます。

問い合わせやライバルが多ければ、指値の金額を見直す、検討対象の順位を下げるなど、早めの戦略見直しが必要になるでしょう。逆に、ライバル不在ということであれば、こちらに有利な交渉が展開できる可能性が高まります。

POINT

・価格交渉においては、ふんわりしたところから相手の状況をさぐりながら、じわじわ金額を下げていくのが常套手段。

・価格交渉においても、事前の情報収集次第で勝敗が明確になる。いくら時間をかけてもかけすぎることはない。

08

割安物件を手に入れる、ちょいワル交渉術

◆物理面と心理面で交渉材料を探す

次に、価格交渉を有利に進めるための交渉材料の見つけ方を解説します。

はじめに、価格交渉材料には「物理面」と「心理面」の2つの側面がある、ということを知っておいてください。

①物理面の交渉材料

物理面での交渉では、実際に物件を調査し、費用がかかると思われる「金銭的リスクを伴う」瑕疵《かし》を探し出します。土地の立地、建物や設備の劣化具合、管理状況などから、現状の

価格では見合わないという、ネガティブな交渉材料を揃えていきます。

②心理面の交渉材料

心理面では、近隣住民や利害関係者との間で発生しそうなトラブルや、法的な問題、起こりうる自然災害など、リスク要因を探し出します。物件を購入するに当たって心配なので、「もう少し価格を下げられないか」という「ゴネる方便」を探すアプローチです。

これらの交渉材料は、登記簿謄本などの書類、仲介会社への問い合わせ、近隣や関係者への聞き込み、現地調査などで慎重に確認し、単なる「言いがかり」にならないよう、正確な情報把握に努めましょう。

次に、物理面と心理面の両サイドから見た、個別のネガティブ要素を詳しく見ていきます。

①土地

物理面では、高低差や地盤、道路付け、不要物の存在など、実際に目に見える要素をピックアップします。心理面では境界や越境、その土地で起こりやすい自然災害など、トラブルにつながるリスクを探していきます。

②建物

物理面では、実際の劣化や更新状況、建物や設備の維持コストなど、費用がかさむと思われる項目について書き出します。心理面では、法的な問題や利害関係者の有無、将来の入居者減少など、トラブルやリスクになる要因を探します。

③管理状態

土地や建物と同様、物件の管理状態にも、ネガティブな要素が見つかることがあります。清掃や設備管理の状況、敷地内のごみや自転車、草刈りなど、管理上の不備を探し、今後の賃貸経営にマイナスとなりそうな要素として、物理面、心理面の両方から価格交渉の材料とします。

④銀行のせいにする

「銀行の融資枠が減った」「融資の審査で○○を指摘された」など、こちら側の事情を過大に伝え、相応の負担を売主に求めるという、いわゆる「泣き落とし」「痛み分け」の交渉術です。

物理面や心理面の交渉材料とは異なりますが、こういった状況が実際に起きた場合、価格交渉の最終段階で、ダメ押しの一手として活用したいものです。

◆売主サイドを丸め込む会話術

どんなに多くの交渉材料を揃えても、売主にうまく伝わらない、あるいは印象を悪くするだけでは、交渉はスムーズに進みません。

ここでは、価格交渉を行う上で、必要な会話術をマスターします。「物は言いよう」という言葉もあるように、価格交渉は「伝え方次第で8割が決まる」と考えてください。

最初に、「相場より高い」「外壁が劣化していて酷い」など、物件をけなすような言葉は禁句です。売主や仲介会社の心象を損なうだけでなく、交渉自体が終わってしまう可能性がありますので、絶対に避けなければいけません。

それよりも、「この物件をぜひ買いたい」「なんとか欲しい」という意気込みを、ストレートに伝えることが肝心です。どうしてこの物件が欲しいのか、どこに魅力を感じるのかを、ポイントごとにわかりやすく話せるよう心がけてください。

その上で、現時点でネックになっている事柄、つまり前述の「価格交渉材料」を持ちかける、という順序で交渉を進めていきます。

これまでに揃えた価格交渉材料は、話し合いを円滑に進めるための「潤滑油」と考え、交渉を加速させるために使うことが大切です。

また、交渉材料が多いからと言って、売主側の希望を受け入れないという姿勢では、相手の譲歩を得ることはできません。「○○までは譲歩可能」「××はそのまま引き継ぐ」など、柔軟な戦略を取ることで、売主側も「それならば」という落とし所を見つけやすくなります。

不動産取引においては、交渉次第で「割に合わない物件」が「割安物件」に変わるというケースが実に多くあります。

割安物件を探すだけでは、理想の物件に出会うことは困難です。「割安物件は自分で作り出す」というスタンスで、積極的に価格交渉を行っていきましょう。

POINT

・いい物件を割安価格で手に入れるための方法は存在する。物理面と心理面で交渉材料を探す。

・価格交渉は、事前の情報収集が極めて重要。またタフな交渉テクニックが求められる。「割安物件は自分で作り出す」というスタンスが必要。

Column

営業とは人生である

日常生活でも営業は必要

私は会社の経営者ですが、営業マンでもあります。経営者としてはまだまだ半人前ですが、営業マンとしての自信はあります。そして、会社がうまく行っているのも、人生を楽しめているのも、自分が営業マンだからだと思っています。

そんな私が「営業とは何か」と問われたら、迷わず「営業とは人生である」と答えます。言い過ぎだと思う方もいらっしゃるかもしれませんが、私はそうは思いません。

仕事において、営業力は社外でも社内でも重要な要素となりますが、日常生活でも営業力は常に求められます。たとえば、日常の買い物や食事、旅行や趣味、友達や家族などあらゆる人とのかかわりのなかで、いかによい関係を築き、気持ちよく過ごすことができるか、思い通りの人生を歩めるかは営業力によるものです。

相手の意図や思惑を察知し、逆にこちらの望む方向へと誘導する。それを意識して行うか否かの違いはありますが、誰しも自分の望む方向へ誘導したいのは間違いありません。

●●● インプットとアウトプット

仕事で営業を経験したことのない方や営業とは何かを理解していない方は、営業とはモノやサービスを売りつけたり、お客様に頭を下げて我慢したり、強引に押しかけて売りつけるようなイメージがあるようです。しゃべりがうまくて気が強くないとできない、自分とは違う世界など、どちらかというとネガティブな印象をお持ちの方も多いと思います。

しかし、営業とは「モノを売ること」に限られたものではありません。私の考える「営業」とは「仕事」そのものです。では「仕事」とは何か?

いろいろな要素がありますが、あえて言うならば「アウトプット」だと思います。アウトプットのうまい人は仕事ができる場合が多く、同時に仕事も人生も楽しんでいる傾向が強いと感じます。仕事も人生も自分の望む方向へ誘導していく力があるからです。

アウトプットをするためには、インプットが結果的に必要になります。他者に提案する、課題を見つける、調べる、報告する、このようにぐるぐると展開していきます。しかし、逆にインプットばかりの人はアウトプットを必要とせず、自己完結してしまいます。その結果、仕事ができない人はインプットばかりという傾向があります。

仕事とは、一定期間内に社内外に提供できた価値のクオリティや量で、できるできないの判断がなされます。そこで重要なのは、価値とは自分が認めるものではなく、他者が認めるものであるということです。そして、その価値の対価を得ることが仕事です。アウトプットがなければ対価を得ることができず仕事になりません。すなわちこれが営業なのです。

　また、いくらアウトプットをすることができたとしても、それが他者に認められない場合はただの自己満足に過ぎません。潜在的な能力や秘めた価値、心の中で温めている企画があったとしても意味がないのです。それらを意味あるものにするためには、内にあるものを表に出して、他者に認められる努力をしなければなりません。そこには想像力だけでなく、実態が伴った具体的な行動が必要になるのです。

●●●インプットはアウトプットの準備

　よく勘違いをされている人がいますが、インプットは仕事ではありません。アウトプットをするための準備なのです。

　仕事で使う資料を作成するときや、新たなスキルを体得するための勉強、情報収集などがインプットに当たります。しかし、いくら知識をたくさん身につけても、その結果をアウトプットし、さらにそれが認められなければ意味がありません。

　どんなにすばらしい知識や専門的なスキルを身につけても、結果が出なければ「それで?」「結果は?」「給料は上がったの?」となります。たとえば、東大卒の弁護士というとなんだかすごい人だと思ってしまいますが、弁護士はまず顧客に取り入る必要があるため、営業力がなければそもそも仕事になりません。開業医もそうです。いくら専門性が高くても、患者に嫌われたら商売になりません。そういった方はたくさんいます。

学生時代はインプットこそが成果ですので、多くの方はその感覚が根づいてしまっているのかもしれません。日本型の教育の弊害とよく言われる所以です。学生はまず教科書を読み理解するというインプットを行い、そのあとテストや問題集というアウトプットを行いますが、そこには正しい答えが用意されているため、正しくインプットを行えば必ず成果が出ます。

また、インプット型の人はよく待ちます。自分の才能や秘めている能力を察知してくれる人がいることを信じ、勉強や努力をしているアピールをしています。結果を生むことを目的とせず、デスクに向かっていることが仕事だと勘違いしているのです。こういった勘違いが、最近巷を騒がせているブラック企業を生み、長時間労働を引き起こしているのでしょう。

よく「プロの世界では結果がすべてである。努力にはなんの価値もない」と言われていますが、仕事もまったく同じです。もちろん、努力が次につながることもありますし、一概に否定できるものではありませんが、お金をもらう以上はそんな妥協をしてはいけません。お金を払う側からすれば、「失敗したけど勉強になりました、次は頑張ります」などと言われたら、笑って見逃すわけにはいきません。

営業と不動産投資

私たちが運営している「不動産投資起業塾」でもよく言っていることなのですが、「知っている」「理解している」ではダメで、「できる」ことが重要だとしています。「知っている」「理解している」まではインプット、「できる」がアウトプットなのです。

本書をお読みになっている方は、すでに「不動産投資」という世界で勝負をしている、あるいはこれから参戦する方たちです。不動産投資は他の金融商品と違い、完全なビジネスです。銀行、不動産業者、管理会社、入居者に対し、営業は必須な項目です。そのため、私たちの塾では、営業トレーニングとしてロールプレイングなども取り入れており、塾生の方々にその重要性を感じていただいております。

明るく社交的で気が強くなくてもなんら問題ありません。営業とは相手の意図を読み取り、要望を叶え、こちらの意図する方向へ導くことにあるからです。

お客様は何を欲しているのか、上司は何を求めているのか、家族は何を望んでいるのか、いま必要なものは何なのか、どうすれば望むべくよい方向へと導けるのか。これらを考え続け、実践し、その価値を認めてもらうことが営業であり、仕事でもあるのです。そして営業が得意になれば、必ず今後の仕事や人生を豊かにできるものだと確信しています。

自分で人生の舵を取り進んでいくには、様々な困難や弊害があります。それと戦い、いなし、調整していくことと営業は同義です。そう考えると、やはり「営業とは人生である」という言葉は決して大げさではないと思います。

第7章

チーム作りが勝敗を分ける賃貸管理の極意

01

BM／PM／リーシング、最適なチーム編成を構築せよ！

BM／PM／リーシングとは？

賃貸経営を円滑に進めるためには、物件の管理がとても重要になります。家賃収入を得られなければ元も子もありません

しかし、ひとことで「管理」と言っても、入居者を集める客付けや、入居者の入退去、家賃回収やクレーム対応、建物の修繕やリフォームなど、手がけるべき内容は多岐にわたります。

戸建や小さなアパート1棟であれば、オーナーが自力で手配できるかもしれませんが、投資の規模が拡大すれば、これらの業務すべてをフォローすることは難しくなってきます。

そのため賃貸管理では、客付けをA社に、家賃回収や修繕はB社に頼むなど、それぞれ「管理のプロ」である管理会社に任せることが一般的です。

賃貸管理の業務は、大きく分けると次の3つに分類されます。賃貸管理の基本と言える部分ですので、これら3つの管理業務について、その内容を理解しておいてください。

①ビルメンテナンス（BM）

日常の設備見回りや清掃、設備点検や建物の修繕など、物件の維持管理がメインの業務です。また、屋上防水工事や外壁工事など、定期的な建物全体の修繕や、火災保険や地震保険も、BM業者がカバーする業務となります。

②プロパティマネジメント（PM）

入居時の審査や入退去の手続き、保証会社のあっせん、毎月の家賃回収や督促、入居者管理やクレーム対応など、主に入居者に関する管理業務を行います。業務内容が多岐にわたり複雑なことから、管理会社によってクオリティに差が出やすいという特徴があります。

③リーシング（Leasing）

アパマンショップなどの賃貸仲介会社がこれにあたります。入居者の募集や広告、入居希望者の内見案内など、賃貸経営において最も大事な「客付」という、営業を担当する業務です。

◆運営チームの思惑を理解する

賃貸物件の管理運営は、オーナーである投資家、管理会社、賃貸仲介が連携して進めていきますが、それぞれに思惑が異なることを理解しておいてください。

オーナーは、常時満室で滞納ゼロを願っている一方、修繕に関しては、余計な出費はしたくないと考えています。

BM／PMの管理会社は、入居率を上げなければという思いはあるものの、あくまでオーナーへの義務的な立場であり、「満室が自社の利益に直結する」という感覚は持っていません。また、不良入居者や滞納督促はなるべく避けたいという心情から、「満室にしたいけれど住む人を選びたい」という、オーナーと異なるバランス感覚を持つことが多いようです。

一方、リーシングを担当する賃貸仲介会社は、成約しないと仲介手数料が入らないため、「とにかく、どこの物件でもいいから入居者を決めたい」という考えを持っています。また、広告費を多く出すオーナーの物件や、細かいことを言わない管理会社の物件を優先するなど、売上げ第一で動くこともあります。

その一方で、入居者は「おしゃれなところに住みたいけれど、お金はあまりかけたくない」という人が増えてきています。

このように、それぞれ違う期待や思惑を持ちつつも、各関係者が「契約」の関係で成り立っているという事実があります。オーナーはそれを踏まえた上で、各関係者とうまく連携していく必要があるのです。

POINT

・物件の管理運営（客付け、入退去、家賃回収、クレーム対応、修繕・リフォームなど）の良し悪しは、委託業者の選定がカギとなる。
・賃貸管理は管理業者（BM、PM、リーシング）ごとに思惑やスタンスが異なるので、それらをきちんと理解しよう。

02

☑ 情熱が人を動かす！満室経営マインドセット

◆満室経営を実現する5つのマインドセット

賃貸経営オーナーなら、所有する物件を常に満室にしたいと考えるはずです。

満室経営とは、「高稼働で運営して多くのキャッシュフローを残す」という本来の目的の他にも、銀行から経営能力を認められて融資がつきやすくなる、物件が高値で売れてキャッシュを残せる、といった経営拡大へのメリットにもつながります。

満室フル稼働にするために欠かせないのがオーナーの熱意です。内外装や募集条件も大事ですが、マインド面が結果を左右する要素として大きいです。以下に挙げる５つのマインドセットから、オーナーとしての心構えをより強固なものにしてください。

①自分が一番真剣に取り組む

「まぁ満室になれば良いか」という程度で管理会社に任せれば、管理会社もその程度の働きしかしなくなります。オーナー自身が「絶対に満室にする！」という意気込みを持つことが何よりも重要です。

②地元民になりきる

地方では特にその傾向が強くなりますが、管理会社や賃貸の仲介会社、入居者は、その地域を地元とする人たちがほとんどです。家賃相場やクルマといった生活の利便性など、地元の人が何を重要視しているかは、東京とは感覚が異なることがよくあります。

このギャップを理解することは、地方での賃貸経営において大事なポイントです。

地元の賃貸仲介会社を中心に聞き込みをするなど、入居者が何を求めているかを積極的に知るように努めましょう。

③原因よりも手段にフォーカスする

空室が埋まらないときは、「なぜなのか？」「原因は？」とイライラと共に疑問が湧いてくるものです。しかし、原因を探ることよりも、マインドを変えて、「どうやれば埋まるのか?」に頭を使った方が、早く埋まる可能性は高くなります。

たとえば、内見者が少ないときは、「物件の魅力が足りないのでは?」と疑問を持つよりも、1人でも多く内見してもらうことにフォーカスすべきなのです。内件を増やすことにフォーカスをすれば、賃貸仲介会社に内見者を増やしてもらうよう、営業の強化をお願いする、といったやるべき行動が見えてきます。

困ったときは「疑問」にとらわれるのでなく、「手段」に意識を向けることを意識しましょう。

④業者のスタッフと個人的に仲良くなる

地方では特に言えることですが、業者のスタッフとの対人関係は大切にすべきです。仲介や管理会社の担当者の名前を憶える、機会を見つけてプレゼントをする、飲食を共にするなど、地道な働きかけが思わぬ好結果につながることがあります。

また、業務を率先して請け負ってくれた際にはすぐに電話を入れるなど、まめに感謝の気持ちを伝えることで、印象が良くなり、よりよいサービスにもつながっていきます。

逆に地方では、悪い噂が広まるのもアッという間です。オーナーだからと、横柄な態度を取って地元関係者に嫌われないよう、言動には十分に気をつけてください。

⑤思い切ってカットする

情にほだされるあまり、相手に厳しいことを言えず、空室が続くようでは賃貸経営はままなりません。不動産投資の目的はなんでしょうか。管理会社と仲良くすることと、賃貸経営を成功させることのどちらが大切でしょう? セミプロなら、優先順位を履き違えることは避けるべきです。

賃貸管理の章で述べましたが、時には業務上の関係を思い切って見直すなど、大胆な経営判断を行うことも必要です。

POINT

- 「満室経営」は、管理会社任せにせず、オーナー自身の「絶対に満室にする!」という強い意志がなければ、実現は不可能である。
- とりわけ管理会社との関係づくりは重要である。スタッフとの個人的信頼関係を作ることを心がけよう。

03

稼働率95％をキープする満室フル稼働の法則

満室フル稼働を続けるために、実際の客付から長期入居までを、どのようなプロセスで実現させればいいか、ピラミッドを使って解説します（図表26）。

◆閲覧数を増やす＝募集条件を整える

「閲覧数」はピラミッドの基礎となる部分です。入居希望者の多くが、インターネットを使った賃貸物件検索で部屋を探している現在、物件のページ閲覧数は非常に重要です。「閲覧数」が少なければ、その上にある内見数も成約率も下がってしまいます。

では、どうしたら閲覧数を上げることができるのでしょうか。

図表26　満室フル稼働の法則

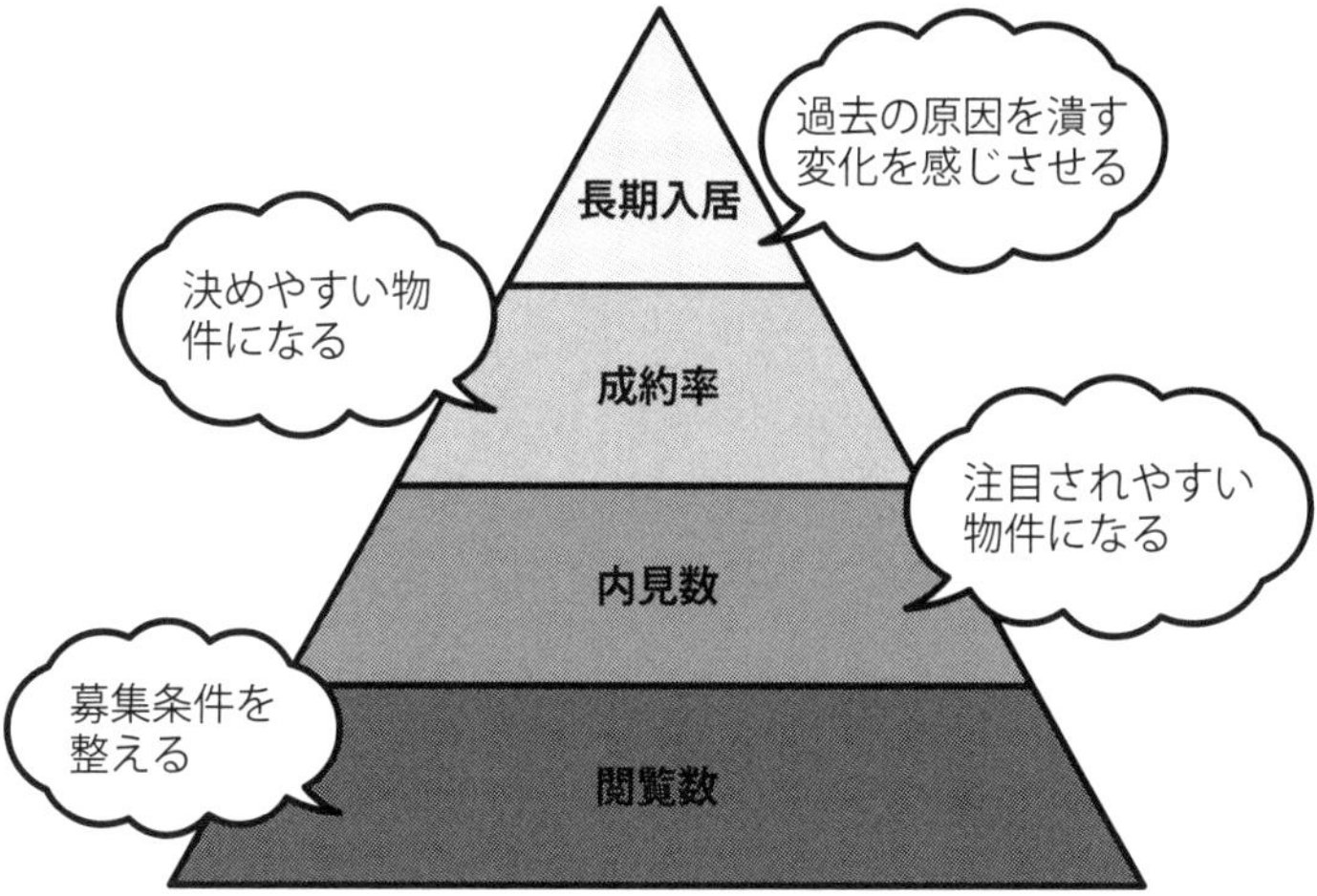

①募集条件を増やす

インターネットの不動産情報ポータルサイトでは、家賃や間取りなどの様々な条件にチェックを入れることで、入居希望者のニーズに合った検索結果を一覧表示することができます。

ネットでの物件検索は、当てはまる項目が多いほど検索に引っかかりやすくなるため、募集する側としては、一つでも多くの項目を満たす努力をすることが、チャンスを増やす大事なカギとなります。

たとえば、クルマが日常の足となる地方では駐車場が必須です。部屋数に対して駐車スペースが不足しているのであれば、残り台数分の駐車場を近くで借りることを検討してください。

また、最近はインターネットの回線接続サービスを導入しているかどうかで、物件の閲覧数がまったく異なる傾向にあります。無線のＷｉ-Ｆｉアクセスポイントを建物の中に設置するなど、ニーズに合った対応が必要です。

②入居者の間口を広げる

一部の人気エリアは別としても、入居者をあれこれと選り好みしていると、思うように客付けが進まない時代と言えます。高齢者や外国人、生活保護者なども受け入れ可とすることで、賃貸仲介からの紹介も増加します。

③ライバルの周辺物件をリサーチする

ライバル物件に打ち勝つためには、賃貸仲介会社に「自分の物件は他と比べてどうだろうか？」と率直にたずね、こまめにウィークポイントを潰していくのが効果的です。もしもそこで、「家賃の値下げ」を勧められた場合は、安易に応対することは踏みとどまるべきと言えます。

入居者に好まれる条件を1つでも多く、お金をかけずに満たしていきましょう。「そうすれば閲覧数は必ず増える！」というポジティブな意識を持つことが肝心です。

◆内見数を増やす＝注目される物件になる

閲覧数を増やしたら、次は「内見数」を増やす番です。内見は、インターネットで検索閲覧をして、この物件に興味があると賃貸仲介店を訪れる場合と、営業担当者が他の物件目当てで訪れた内見者を、狙った物件に連れて来てくれるケースとがあります。

割合が多いのは、インターネット経由での指名内見ですので、オーナーとしては、多くの物件の中から、いかに「注目される物件にするか」に尽力する必要があります。

所有物件を注目される物件にするためには、入居希望者はもちろん、営業担当者からも「関心」を集めることが大切です。

①営業担当者への接触頻度を増やす

入居希望者は、ネット検索の段階で物件を絞っているケースが多いものの、地方などでは、

「店舗に行ってから決める」という人もいまだに一定数は存在します。

そういう人たちに自分の物件を案内してもらうためには、営業担当者と接触を増やし、好印象を与えておくことが効果的です。

具体的には、地元の賃貸仲介店に度々足を運び、会話を通じて顔と名前を覚えてもらうのです。「あの物件＝Bさん」というイメージができれば、見たい部屋が決まっていない来店者に自分の物件を推薦してくれるかもしれません。

物件を案内してもらう際にも、「ここのオーナーさんは良い人ですよ」と内見者の背中を押してもらえるなど、プラスの変化が期待できます。

②営業担当者と仲良くなる

営業担当者と個人的に仲良くなることは、リーシングに大きな強みを発揮します。

相手の名前を覚えて、何かあるごとにお土産やプレゼントを渡したり、会食に誘ったりすることで、より踏み込んだつきあいができるようになります。

交際費は経費です。営業担当者と積極的につきあうことで、距離を縮めていきましょう。リーシングにつながれば、それは「生きたお金」の使い方と言えます。

◆成約率を上げる＝決まりやすい物件にする

内見数が上がったら、次は「成約率」の上昇を目指します。内見数が大幅に増えたとしても、気に入ってもらえなければ成約率は上がりません。

①スペックよりも印象が大事

では、「決まりやすい物件」とはどういうものでしょうか。家賃や部屋の間取り、設備はもちろん大切です。しかし、そういった「スペック」は簡単には変えられません。ですから、オーナーは決まりやすい物件を意識する際、まずは「印象」を良くすることを第一に考えるべきと言えます。

内見は15分以内で終わるのが一般的です。入居者は部屋の隅々まで見るわけではありません。では、何で決めるかといえば、印象で決めるのです。

印象アップにつながるポイントは、色と柄です。壁紙、シートなどは安い価格帯のものでかまわないので、新しいものに張り替え、パッと見の新しさで勝負しましょう。

清潔感も大事です。キッチンやドアノブ、手すり、スイッチなど、手で触れる部分は丁寧に清掃すべきです。

また、室内にはスリッパや、ラグマット、ローテーブルなどを置いて、入居後のインテリアのイメージを演出するのも効果があります。

室外では、エントランスや通路などの共用部がチェックされます。共用部がみすぼらしいと、内見の第一印象が悪くなるだけでなく、入居後の生活イメージを想像する上で大きなマイナスになってしまいます。まめに掃除や残置物を撤去する、造花や植物を置くなど、イメージアップに努めましょう。

②オンリーワンの物件にする

具体的に、どのようなリフォームを行うべきか、実際の例を見ていきましょう。

次ページの写真は、築20年の地方にある物件です。さすがに古さを感じる内装で1年間も空室が続いていました。

そこで、床を白いタイプのフローリングに張り替え、建具に濃色系のシートを貼ってアクセントをつけるなどのリフォームをした結果、2カ月で入居が決まりました。

築20年の物件のリフォーム事例

（リフォーム前）

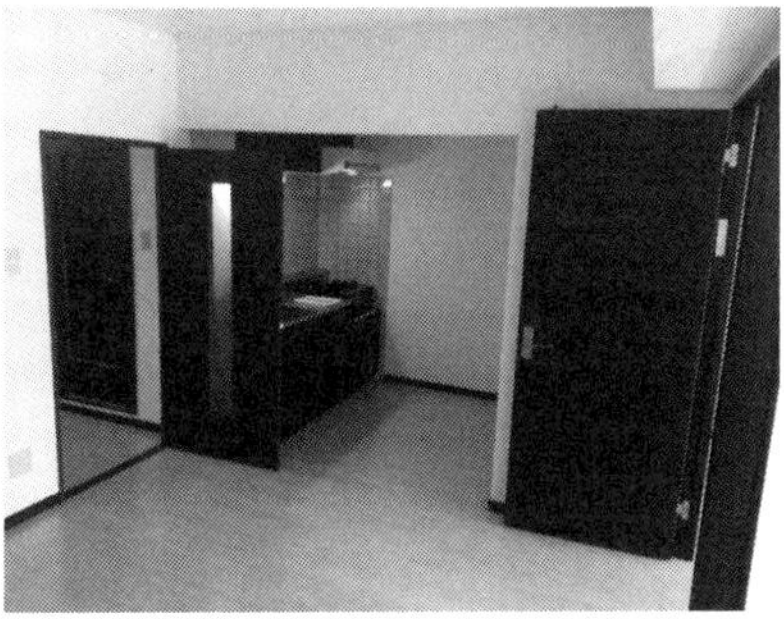

（リフォーム後）

③コスパ最強の内装仕上げとは

印象を良くするためのリフォームには、それなりの費用がかかります。ここで管理会社に一任するようでは、コストを圧縮することは困難です。

一番のオススメは、「職人に直接発注する」ことです。自分で電話帳を調べ、職人から直接見積もりを取れば、中間マージンがかかりませんし、間を挟まずに直接指示をすることができます。

また、職人が他の現場で余った材料を持ち込んでくれたり、オーナー自ら資材を購入して職人に支給する「施主支給」の交渉がしやすくなるなど、コスト削減にもつながりやすくなります。

その他、追加の工事のオーダーをサービスでお願いできるなど、融通を利かせてもらいやすくなるというメリットもあります。

それにより、オーナーの意向を丁寧に反映したリフォームが可能となるため、入居率アップにもつながります。

◆長期入居を促す＝退去の原因を潰していく

いよいよピラミッドの最上部、「長期入居」についてです。

入居者が物件を長期に借りてくれれば、毎月の家賃による安定したキャッシュフローを得られるだけでなく、退去後のリフォームや客付にかかるコストなども抑えられることになります。つまり、長期入居は賃貸経営に大きなプラスをもたらしてくれるのです。

実際には、結婚や就職など、退去は必ず起こるものです。それは仕方ありません。しかし、退去理由の中に、「建物や管理状態などが気に入らない」といった不満が原因のものが含まれるのなら、オーナーはその原因を突き止めて、潰す必要があります。

不満による退去理由をなくす方法ですが、第一に、必要な基本設備が整っているかを確認します。どの物件にも必ず設置しているものを揃えるのが、最低ラインだと考えてください。その上で、入居者にアンケートを取りましょう。各戸の入居者に手紙を出し、「アンケートに答えてもらえれば商品券を差し上げます」といった手法で回答を集めてください。

入居者が物件に対してどんな不満を持っているかは、オーナーの耳に届きにくいものです。退去されてしまう前に原因を突き止めれば、入居者の流出を未然に防ぐことにつながります。

たとえば、排水口の臭いなどは、実際に生活する中で初めて気づく点です。また、エントランスや通路などの共用部の汚れも、毎日そこを通る人たちにとっては気になるものです。常に綺麗にしておかないと、「また汚れている。そろそろ契約が2年経つから、新しいところへ」ということになりかねません。これについては、回答の有る無しに関わらず、まめに清掃や修繕を心がけましょう。

また、物件への不満をなくすための手段としては、定期的に少しずつ、問題点を改善していくことも効果的です。たとえば、エントランスを綺麗にしたら、次は造花を飾るなど、「小出しに変化させる」ことで、オーナーの細やかな気配りを入居者に感じてもらうのです。

費用対効果を考慮しつつ、改善点を徐々に潰していき、満室フル稼動へのピラミッドの頂点である「長期入居」を目指しましょう。

POINT

・「満室フル稼働の法則」は、「閲覧数」「内見数」「成約率」を上げることと、退去の原因を潰すことである。
・内見数を増やすには、数ある物件の中でいかに注目されるかがポイント。管理会社の営業担当者の意識へ自分の物件を印象づけよう。

第8章

売って初めて利益確定！トレードの極意

01

相場の波に乗る売り／買いのポジション取り

数年単位で売却と購入を繰り返すことでキャッシュを増やし、事業規模を拡大していくためには、「高く売る」「安く買う」を徹底しなければいけません。

ここでは、売り買いすべきタイミングと、その戦略について考えます。

相場の波はどこから来た？

ここ数年の不動産投資ブームの到来で、収益物件の値上がりが顕著です。ではそもそも、この不動産投資ブームは、どこからやって来たのでしょうか。

カギになるのは国の政策とそれにともなう銀行の融資姿勢です。政権が変わり、日銀は景気浮揚とインフレの達成を目標に、「異次元の金融緩和」によって、市中に多くのマネーを流通させています。銀行もそれにならって積極的に低金利の融資を行い、不動産業界にも多くのマネーが流入しています。

また、日本では少子化や超高齢化社会においても、核家族化や外国人労働者の増加によって、むしろ当面は都市部の世帯数は増えると予想されています。

そうなると、「融資がついて買える人」が増えているにもかかわらず、「物件数」が増えない状態のため、相場がじりじりと値上がりするのは必然とも言えます。これが、現在の不動産投資バブルの正体です。

ただし不動産の価値は、好景気の中で「ゆっくりと上がり」、景気が下降し始めると「急に下がる」のも特徴です。かつてのバブル期や、２００８年のリーマン・ショック時のように、経済情勢によって銀行の融資が急に閉じ、業者や投資家が大きな痛手を被ったのもまた、不動産投資の一面と言えます。

銀行が積極的に融資を増やせば、投資のプレイヤーが増えて不動産の価格は上がり、逆に銀行の融資が閉じれば、誰も不動産を買えなくなって値下がりします。

つまり、銀行の融資が「開いているか」「閉じているか」次第で、不動産の価格が決まるというロジックなのです。相場の「波」は銀行が動かす、と考えてください。

◆売り時は今だ！

現在は、銀行の融資もフルローンやオーバーローンがつくなど積極的な姿勢にあり、収益物件の値上がり幅が大きいため、絶好の売り時と言えます。

土地値の安定している首都圏はもとより、地方都市の札幌などでも、数年前に2億円で買ったマンションが、今は3億円で売れてしまうような上がり方をしています。今後、まだ上がる可能性もありますが、利益確定するには、今がいい頃合いと捉えるべきです。

たとえば、購入後10年で売却を考えている保有物件があるとします。この場合、キャッシュフローや節税効果による10年間の「見込みインカムゲイン」は、ある程度上限が決まってしまうものです。

もし今売却することで、インカムゲイン以上にキャピタルゲインが望めるのであれば、当初の予定を変更し、思い切って売却した方が良いと言えます。

所有していれば、空室や修繕、デットクロスなど、様々なリスクが生じます。また、物件価格が高くなるほど、融資を受けられるハードルが上がり、買える人が減っていくことにも注意が必要です。つまり、買える人が多くいるうちがチャンス、というわけです。

現在の札幌では、RC1棟物で築30年以内の物件は、利回り7%で売れる状況です。これは、借入金利が3・5%でもギリギリ収支が回るラインとも言えます。

もし、30年返済のフルローンを組むのであれば、本来、利回りから金利を差し引いたキャップレートが5~6%は必要です。そうすると今後、利回り7%を切る状況でも買える人は、次のように、キャッシュを多く入れて買うか、低金利で融資を受けやすい属性に限定されてしまいます。

- メガバンクから融資を引ける高所得者
- 税金対策したい法人や事業主
- 地元のお金持ち

つまり今後、さらに相場が高騰した場合、手持ちの物件が売りづらくなるということです。のんびり様子見をしていると売り時を逃すことになりかねません。

売却を検討中の物件があるなら、売るなら売る、長期保有でホールドならホールドと、しっかりと見極めて決断することが重要です。

◆高く売って安く買う

手持ちの物件を売却したら、「これまでの家賃収入がなくなって寂しくなった」という投資家がいます。しかし、それは一時的なことです。次にもっといい物件をキャッシュを入れて買えばいいのです。

また、売却して現金化することで、銀行からの融資を引く際には有利になります。含み益がキャッシュになることで、銀行の評価が上がるためです。

「そうは言っても、現在の相場を考えると、次の物件は高くて買えないのでは？」と思う人もいるでしょう。確かに物件は慎重に選ぶ必要がありますが、割安な物件も中には出るものです。狙い目は残債のない物件、たとえばいわゆる「相続案件」などです。

親から相続した物件は、そもそも無借金なので売りやすいですし、相続人は不動産よりもお金が欲しいと考えます。相続手続きという時間的な制約もありますので、不動産業者主導でスピーディーに物件が売られて行きます。その中には相場以下の破格の価格で売りに出されるものも含まれます。

これだけ収益不動産全体が高騰している状況でも、不動産に興味のない相続人にとって、そんなことは関係ありません。こうして、何も知らない売主から割安な物件が放出されます。

こんなお買い得物件は、是が非でも捕まえたいものです。ただし、それまでに財務三表のバランスシートを改善しておかないと、いざというときに融資を受けられなくなります。

また、相続以外に、「利回りは良くないけれど土地に価値がある」というケースも狙い目です。これは、不動産業者の査定が甘い場合に起きるもので、「建物が収益物件としての魅力に乏しいため、土地値が過小評価されてしまう」というパターンです。土地に価値があると見抜くことができれば、いつ売却しても儲かる優良物件になると考えてください。

割安物件はネットに出る間もなく、業者間のコネクションで瞬間的に売れていきますので、不動産業者から真っ先に連絡が来る人になれるかどうかが、投資家の分かれ道になります。はじめは多少手間がかかりますが、情報網のコネクションを築きましょう。

- 物件高騰で絶好の売り時だ
- さらに高騰すると買える人がいなくなるかも

・見込みインカムよりキャピタルがとれるなら売却
・売却でバランスシートが改善、借りやすくなるので次の購入に有利
・いつの時代も割安な物件は出てくる
・手に入れるには業者情報網を構築する

これらのポイントを押さえて、投資家自身のポジションを明確にし、相場の波を敏感にキャッチしていくことが大事です。

POINT

・不動産投資における売買のタイミングは、その時代ごとの「相場の波」が大きく関わってくる。
・売却の原理原則は「安く買って、高く売る」という極めてシンプルなもの。これを念頭に相場の波にうまく乗ることを考える。

02

1円でも高く売る! 高値売却マインドセット

不動産投資では、「売却」することで初めて、トータルの利益が確定できます。「安く買って高く売る」というのはビジネスの世界では当然です。それと同じで、不動産投資においても「高く売る」ことを常に心がけなくてはいけません。

本書の最初で、セミプロ投資家を目指すために必要なマインドを解説しましたが、これらは図表27に示したように、「売却」という出口においても当てはめることができます。

高値ルートを見極めろ!

売却においては、高値で売れるルートを開拓することが一番重要です。

不動産業者にはそれぞれ得意分野、不得意分野があり、扱っている物件も業者によってさまざまです。土地に強い業者もいれば、投資向けの1棟マンションが強い業者、地方にネットワークを持つ業者など、いろいろなタイプが存在します。

ここで肝心なのが、「自分が売りたい物件を、そのエリアと物件が得意な業者に持ち込むこと」です。

また、買える客に「直接」つながる業者、つまり自社で買主となるお客さんを抱えている業者を探すことも重要です。レインズやネットなどで、広く媒介を行う業者にはメリットはありません。自力で客付ができない業者では、こちらに有利な交渉が望めないだけでなく、何万という人が情報を知るありふれた物件、いわゆる「さらし物件」として、価値を低く見られてしまうリスクが生じます。

売却時に結ぶ媒介契約は「専任媒介」が一般的ですが、専任で契約をするとレインズに載せる義務が発生します。それを避けるには、「普通媒介」の契約を複数の業者と結び、自力で客を探してもらうように依頼することになります。

業者の中には、数週間～1カ月間、何の応答も進展もない業者がいるかもしれません。その場合は、売る気がないと判断して、早めに見切りをつけましょう。

売る力のない仲介会社は、迷わずカットする決断力も、セミプロ投資家には必要なのです。

図表27　セミプロ投資家を目指すために必要な６つのマインド

●私は商売人	高値ルートを見極めろ！
●逆算思考	売却は計画的に！
●先を読む、相手を読む	買主を手玉にとれ！
●遠慮は悪	売主はゴネ得！
●自分基準	売りたい値段が適正価格！
●探る、探す、丸め込む	付け入るスキを与えるな！

売却は計画的に！

不動産の売買は計画的に行わないと、大きな損につながる場合があります。

特に、売却の場合は、会計上の譲渡益が発生するので、年度を跨いだ方がいいのか、跨がない方がいいのかなど、デリケートな見極めが必要です。

個人事業主の場合は、不動産の譲渡益は分離課税の扱いとなり、損益の通算ができませんが、法人であれば他の損失や経費を相殺して損益通算ができるため、売却時期を調整することで、かかる税額をコントロールすることが可能になります。

物件購入の際に業者を回っていると、何月までに決済しないといけないという条件付きの物件情報をもらうことがあります。

買う側においては値引きにつながるチャンスですが、逆に、こちらが売る側だった場合は「売り急ぐと買い叩かれる」ことを意味します。「時間がないのなら、安くても売ってくれるだろう」と買主に足元を見られて、指値を入れられる要因になるのです。

儲かっているうちに売りに出すことを勧めるのは、同じ理由からです。デットクロスなどの赤字が出て、「すぐに売らなければヤバイ！」という状況で売りに出せば、買い叩かれることになります。時間的にも資金的にも余裕があるときに売却に臨めば、指値があってもはね返すなど、買主に対して強気の態度で交渉をコントロールすることが可能になります。

次に大切なのが、売却する前に満室にすることです。空室があると、内見した買主からリフォームなどの費用面で難癖がつき、指値の要因となってしまいます。満室で売りに出すことで、それらを回避し、高値で売却できる可能性が高まります。

満室と同じく、高値売却に効果的なのが家賃のアップです。

売却前にとにかく満室にすればいいと考え、安い家賃で募集してしまうと、利回りが下がり、物件の資産価値が下がってしまいます。

フリーレントやレンタル家具を付けるなどの方法で、高い家賃で満室にする施策を講じることで、利回りと資産価値を共にアップさせることができます。

物件の大きさにもよりますが、1万円の家賃アップで資産価値が100万円くらい上昇することもありますから、やらない手はありません。

POINT

・売却においては高値で売れるルートの開拓が最も重要。売る力のない仲介会社との関係を切る決断力も時には必要。

・売却は計画的に行うこと。売り急ぐと足元を見られてしまう。譲渡益に対する課税も絡むのでデリケートな見極めが必要である。

03

値下げ交渉をさらりとかわす、売主のトーク術

買主を手玉にとれ！

物件を購入するときは、「何か事情があって売りたいのか」「相続で売るのか」など、売主が物件を売りたい本当の事情を交渉前に探ると思います。

物件を売るときも同じです。買い手に対して、「なぜこの人は物件が欲しいのか」「なぜ今買わなくてはいけないのか」「相手側がどういう状況なのか」など、その背景を探りましょう。相手の事情を知れば知るほど、交渉は有利に展開できます。

高値で売るためには、底値を探ってくるような仲介会社をうまくかわすことも大切です。「こんな金額ではまとまりませんよ」などと言葉巧みに売主を煽り、底値を探ろうとする業

者は、買主サイドの味方として、早く契約をまとめようとしていると疑ってかまいません。

逆に、売主サイドの味方になってくれる仲介会社を見つけてください。味方になってくれる仲介会社に交渉を任せることで、買主をうまく口説いてくれるだけでなく、相手の情報を得て、有利に交渉を進めることにもつながります。

売主はゴネ得!

交渉を有利な展開に持ち込むには、強気の姿勢で臨むことが大切です。「売れなくても、こちらはまったく構いません」というオーラを醸し出すのもひとつのテクニックです。直接言うのではなく、雰囲気を匂わせることが肝心です。

ある程度の目標売却ラインを決めたら、「それ以下には絶対に下げない!」と決めてしまうことも、相手に値引きをあきらめさせる効果があります。

不動産取引においては、値引きを要求する「指値」は一般的に行われています。買主も「指値が通るかわからないけれど、言うだけならタダ」という姿勢で買い叩いてくるものです。

目標金額を決めてはね返していれば、そのうち向こうから勝手に折れて、「その値段で買います」となるケースは非常に多くあります。

◆売りたい値段が適正価格！

不動産は「一物多価」と言われるように、適正な価格というものはありません。相場から大きくかけ離れた値付けではいけませんが、かといって仲介会社の査定や買主の指値を鵜呑みにしていては、高値で売却することはできません。

自分から積極的に物件の相場を探り、「売りたい値段は自分が決める」というスタンスで、交渉に臨むことが肝心です。そうすれば、不当に安く査定されたり、買い叩かれそうになったりしても、迷わず跳ね返すことができるからです。

また、売値を算出するときは、指値分を絶対に上乗せしてください。売り出し価格そのままで買う買主はいません。

1億円を目標金額と決め、1億2000万円で売り出せば、交渉の過程で「1000〜2000万円下げてもOK」という譲歩ができます。もしも1億円で売りに出したとしたら、そこからの指値は1円も受け容れられなくなってしまい、買主にとって、お買い得感がなくなってしまうのです（お買い得感を与えることは売りやすくするための大切な要素です）。

付け入るスキを与えるな!

高く売却するためには、相手がすぐに決断できるような状況を整えておくことが大事です。こちらの対応が遅くなれば、相手の動きも鈍くなるものです。

具体的には、売却物件の資料はきっちりと揃え、求めに応じていつでも出せるようにしておきます。物件概要以外にも、レントロールや税金の明細、固定資産税の評価証明や図面など、揃える資料は数多くあります。その他にも、新たに更新した設備機器や、インターネット回線、エレベーターの点検記録など、これまで費用をかけて整備した記録を一覧表にまとめておくと良いでしょう。

買いの気配があったときは、即レスポンスを心がけます。こちらのレスポンスが遅いと、買主は、「本当に売り物なのか」「怪しいものじゃないか」などと不安になり、不安や不信感を与えることになるからです。

買主の交渉術を読むことも大事です。こちらが交渉材料を揃えて交渉にあたっているのと同様、向こうも交渉術を持って臨んでいます。相手の手の内を知ることで、交渉をこちらの有利な状況に持ち込めます。

また、相手は少しでも安く買うために、こちらのアラを突いてきます。全部はね返せるぐらいの気力と資料を揃えて「ここの工事はこれだけやり、いくらかかりました」などと堂々と提示しましょう。相手に指値を入れるスキを与えないよう、物件の状況をしっかり把握しておくことが大切です。

POINT

・物件売却においては、自分から積極的に物件の相場を探り、「売りたい値段は自分で決める」というスタンスで交渉に臨む。
・買主が指値を入れるスキを与えないよう、物件の状況を把握し、必要な資料をすぐ出せるようにしておく。

おわりに

「常に本気」であることの大切さ

最後までお読みいただきありがとうございました。不動産投資は知識を活用し、実践を繰り返せば勝てる可能性が高いということを実感していただけたら幸いです。

私が推奨している不動産投資のスタイルは、15年にわたって実践を通して培われてきたものであり、わずかな成功体験を盛ったものや机上の空論ではありません。

大学を卒業後にデベロッパーに入社し、分譲マンション・戸建の開発、投資物件の開発、ファンド事業を行い、その後は債務整理や投資物件の売買・管理を行ってきました。そして5年前に起業し、売り上げも常に数十億円をキープさせている現役の経営者でもあります。これまで関わってきた不動産取引の件数は1000件を超え、見てきた物件はおそらく10万件はあると思います。

このように数多くの不動産に関わり、成功も失敗も、表も裏も見てきたと自負しておりますが、いまだに不動産についてわからないことや、初めて経験するようなことも多々あります。また、世の中のスピードは速く、手法やトレンドも常に変化していきます。

しかし、私は不動産で負けたことは一度もありません。なぜ１００％勝てるのか。なぜ一度も負けたことがないのか。

おそらく「常に本気だから」ということが大きな要因であると考えます。会社をやっているので、失敗はイコール倒産へとつながります。

不動産の情報が入れば、あらゆる角度から検証し、最悪でもプラスマイナスゼロに収まるものしか手を出しません。ギャンブルはしないのです。わからないまま進むこともありません。すべてをクリアにし、絶対に勝てる自信のあるものを購入します。そして、常にどうすれば最大限の利益が出せるかを考え続け、トライアンドエラーを繰り返し行います。

楽をしようとも思いません。「お金を稼ぐことは難しい」ということを実感しているからです。特に目まぐるしく変わる情勢の中では、「現状維持イコール衰退」であり、常に新しいことに果敢にチャレンジしていくことが重要だと思います。

もちろん予期せぬトラブルは多々ありますが、その際も落ち込むことはありません。被害を最小限に抑え、迅速に対処し、マイナスを回避します。

自立したセミプロ投資家しか生き残れない

では、一般の投資家のみなさまはどうでしょうか。同じなのです。億単位の借り入れをしている以上、失敗は即破産へとつながります、しかし、その破産ということに実感を持てていない、ようするに最悪のケースが自分に降りかかる可能性があるということを実感していない人が多いのだと思います。

だからといって借り入れに消極的になれと言うのではありません。常に真剣に、「絶対に勝つ」という心構えで行っていただきたいのです。

真剣さは必ず伝わります。不動産業者、銀行、管理会社、工事業者、税理士、みんなに伝わるのです。真剣にやっている人に対しては、相手も真剣に向き合ってくれます。

その一方、いつまでもお客様感覚でいる方は、どうしても「業者と消費者」という図式になってしまいがちです。しかし、それでは利益を生むことは難しいのです。稼がせてもらうのではなく、自ら稼がなくてはいけないのです。

事業を行う場合、特に不動産投資の世界では、相対する取引先は良くも悪くもすべて利益相反の関係にあります。すべてを疑い対立する必要はありませんが、それを当然のことと捉え、事業主として良い関係を築き、彼らをうまく動かし、すべて自己の責任により判断していく必要があるのです。

そのため、素人投資家からセミプロ投資家へとなってください。

不動産投資で培ったビジネス感覚は一生使える

一度得た知識や経験は一生使えます。特に不動産投資は老後でも行える数少ない事業だと思います。不動産投資の手法や世の中の情勢は常に変化していくため、新鮮な情報は絶えず必要なのですが、ビジネスとしての本質は変わりません。一度セミプロとしてビジネス感覚を養ってしまえば、それは生涯自身の役に立つはずです。

以前は地主や一部の高所得層しか手が出せなかった不動産投資ですが、現在はそのハードルが著しく下がり、多くの人が参入できるビジネスとなりました。そして、不動産業界も他業界と同じく、かつては情報がすべてでした。しかし、現在では、限られた人たちにしか触れることのなかった情報が解放され、誰もがいち早くその情報へアクセスできるようになっため、その優位性も失われつつあります。

誰にでも勝てるチャンスが巡ってきたのです。そのためには、市場の変化に対応する柔軟性や、より利益を上げるための想像力、物件の情報を多角的に判断し、即決できる瞬発力などが必要となります。それは知識と経験、そして心構えから磨かれるものであり、それこそが素人とセミプロの違いなのだと思います。

真剣に取り組めば、不動産投資は必ず勝てる！

私どもは不動産の売買事業、賃貸管理事業、投資顧問事業を生業《なりわい》としておりますが、昨年からセミプロ投資家を育成する塾などの教育事業も開始しております。

そこではまったくの素人からわずか数カ月で数千万円の利益を出される方も続出しており、やはり不動産投資は真剣に取り組めば必ず勝てるものなのだと実感しています。

不動産投資は株やFXなど、買ったら放置できる投資と違い、購入後は事業主として自分でかじを取る、極めて事業性の高い投資です。外的要因によるリスクは低く、そのかわり自身の実力がものを言います。逆に言えば、知識と経験が積み重なれば、運ではなく実力で稼ぐことができる投資なのです。

ご縁があり、本書をお読みになられたみなさまには、ぜひ不動産投資のセミプロとなり、自分で事業を動かしていく楽しさを実感していただき、より良い人生を送っていただけたらと願っております。

村上俊介

【著者紹介】

村上俊介（むらかみ・しゅんすけ）

株式会社コン・パス 代表取締役
学生時代にバックパッカーで海外を回り、日本人に「心の豊かさ」が足りないことを痛感。大学を首席で卒業後、不動産業界ひとすじ13年のキャリアを歩む。分譲マンション開発、住宅ローン破産者の債務整理、投資用1棟マンション販売を手掛け、サラリーマン時代は常にトップセールス。2014年に独立して株式会社コン・パスを設立、代表取締役に就任。不動産と資産運用のエキスパートとして、経営者・ビジネスマンへ収益不動産を中心とする長期的な資産形成をサポートしている。2016年より個人投資家向けにプロのノウハウを伝授する「不動産起業塾」を開講。綿密なシミュレーションに基づいた本質的な不動産で稼ぐ仕組みを解説、現役の業者しか知らない業界の最新動向を惜しみなく提供している。個人の状況に適した事業戦略の提言、投資判断の的確な助言、管理運営の効果的な指導が好評を呼び、高額の受講料にもかかわらず、不動産で本格的に稼ぎたい投資家からの入塾申し込みが殺到している。宅地建物取引士、公認不動産コンサルティングマスター。著書に『首都圏で資産を築く！　王道の不動産投資』（総合法令出版）がある。

株式会社コン・パス
http://www.con-pas.co.jp

＊本書に記載した情報や意見によって読者に発生した損害や損失については、
著者、発行者、発行所は一切責任を負いません。投資における最終決定は
ご自身の判断で行ってください。

売却で資産を築く！
黄金の不動産投資

2017年8月9日　初版発行

著　者　村上俊介
発行者　野村直克
発行所　総合法令出版株式会社
〒103-0001　東京都中央区日本橋小伝馬町15-18
ユニゾ小伝馬町ビル9階
電話 03-5623-5121
印刷・製本　中央精版印刷株式会社
落丁・乱丁本はお取替えいたします。

ISBN 978-4-86280-567-6
総合法令出版ホームページ　http://www.horei.com/